Smartbook: Cinco Enemigos del Ser

Smartbook: Cinco Enemigos del Ser.

Lyan B. C

Círculo Rojo
EDITORIAL

Primera edición: Febrero 2024

ISBN: 978-84-1061-583-0

Impresión y encuadernación: Editorial Círculo Rojo

© Del texto: Lyan B. C
© Maquetación y diseño: Equipo de Editorial Círculo Rojo
Editorial Círculo Rojo

www.editorialcirculorojo.com
info@editorialcirculorojo.com

Impreso en España — Printed in Spain

El papel utilizado para imprimir este libro es 100% libre de cloro y por tanto, **ecológico**.

A los jóvenes de hoy… a los padres de esta nueva generación… a los pobres en el espíritu.

Introducción

Soy un hombre de carne y hueso, mortal, con defectos, sueños y aspiraciones. Si algo quiero transmitir en estas páginas es lo que yo pienso como un ser humano igual que tú, cómo mi formación me ha ayudado a escuchar y entender a mis pacientes y a la gente en general, y a desarrollar un estilo de vida sano y útil.

Debo confesar que cuando comencé a escribir, me obsesioné con la idea de que el libro tuviera aceptación y éxito. Un día vi un programa de YouTube de una escritora mexicana, en donde ella dice lo siguiente: *El objetivo del arte nunca debe ser tener fama ni vender muchas copias de tu creación. El objetivo del pintor, escritor o músico debe ser crear.* Y eso me dio tranquilidad. Me propuse crear algo bueno, que quedara bien; trabajar con empeño y calma para poder brindarte un texto que valiera la pena leer.

Cuando enseño en la universidad me gusta utilizar recursos visuales: dibujos, algoritmos, objetos y videos. Además, me apoyo de fuentes literarias no relacionadas a la ciencia para exponer los temas. Pienso que estas estrategias me dan buenos resultados porque les brindan un matiz seductor a las clases. Intento hacer algo similar con este libro. No quiero que pienses que mi intención es decirte que yo soy «el profesor» y tú eres mi alumno, al contrario, sólo creo que es una manera pragmática y simple de compartir lo que he aprendido con los años.

Todos tenemos historias que contar: personas y hechos que influencian nuestra manera de pensar y de ver la vida. En el caso mío, mis mayores influencias personales son (1) mis padres, por brindarme calor, cariño y confianza, llevados de la mano de un sistema de valores que me sirvieron y me servirán siempre; (2) mi hermano, por ser un hombre fiel y buen amigo a todas; y (3) el pastor Victorio García-Barbón (ya fallecido), por su habilidad de interpretar la Biblia y predicar la palabra de gracia de una manera sencilla y encantadora. Mis influencias literarias son muchas: Homero, Milton, Shakespeare, Goethe, Martí, Dostoievski, Tolkien, entre otros. Por último, hay una figura en la actualidad, el psicólogo Jordan Peterson, que creo que es un comunicador muy capaz, con vasta experiencia clínica y sobre todo, valiente y honesto. Su libro *12 reglas para vivir: Un antídoto al caos*, me sirvió como fuente inspiradora para vivir y escribir.

Existen teléfonos, relojes, televisores y carros «inteligentes». Pensé en el nombre *Smartbook* (*Libro Inteligente*) para llamar la atención. No intento anunciar que el libro es sólo para personas que poseen un alto coeficiente intelectual, ni denominarlo como el libro más inteligente que jamás has leído. Mi única pretensión es que lo percibas como un libro bien pensado y coherente; el objetivo principal es que a ti, como lector, te resulte práctico y ventajoso. Quiero conectar contigo, pero espero que entiendas que este libro no es una varita mágica, un teclado del *Smartphone* que al apretarlo te lleva de un lugar a otro o te soluciona un problema. Aquí está plasmada una compilación de pensamientos que tienen el potencial de ayudarte a que te vaya bien. Eso es todo.

Este libro está dividido en cinco capítulos: la ignorancia, la carne, la enfermedad, el mal y el sistema. Me apoyo en diferentes puntos de vista (científicos, psicológicos, bíblicos, mitológicos) con tal de ofrecer una fundación sólida al mensaje y responder a preguntas difíciles que todos nos hacemos en algún momento: *¿cómo luchar contra los deseos engañosos de la carne?, ¿por qué nos* *enfermamos de la mente y del cuerpo?, ¿por qué hay gente mala; cómo identificarlas y defendernos de ellas?, y ¿cómo vivir una vida plena a pesar de las heridas del pasado y la carga del Ser?*

Hay otros enemigos del ser humano: la pobreza, la pereza, los vicios. Sin embargo, decidí no abordarlos porque pienso que la educación puede vencer a la pobreza; la pereza no cabe dentro de una vida con propósito; y los vicios son vencidos con la fuerza de voluntad y el amor a uno mismo y el de las personas que nos rodean.

Un enemigo es mucho más que algo o alguien que se opone a las ideas tuyas; es una entidad que no consigue respetarte, que parece estar hecha de una materia contraria a tu persona. Si conocemos qué y quién es nuestro enemigo, y entendemos que ese enemigo nos puede seducir, golpear, engañar, traicionar, destruir y matar, entonces es más fácil combatirlo. Hay adversarios fuertes, astutos, persistentes, y los hay que tienen esas tres características a la vez. Hay adversarios externos e internos; unos que aparecen de la nada, otros, eternos constantes. Si consideras aplicar algunos de los principios aquí expuestos, no por eso disminuirá la cantidad de enemigos a los que te enfrentarás ni la peligrosidad de los mismos, pero sí tendrás mayores posibilidades de ganar la buena batalla de la fe.

Yo no sé qué piensas tú de lo que está sucediendo en el mundo. A mí me aterran algunas eventualidades. Me parecen evidentes las palabras de Hans Scholl, tan reales hoy como en la época de la segunda guerra mundial: *Cuán a menudo y repetidamente el hombre se hunde en una monótona incertidumbre, en una corriente que no fluye en dirección alguna, y los demonios siempre están ocupados agarrándolo del pelo en cada oportunidad y arrastrándolo hacia abajo.* Distingo hombres buenos subyugados por la ignorancia, el nihilismo y el hedonismo; hogares rotos, jóvenes descarriados, hijos sufriendo la ausencia de sus padres; agitación, confusión, desorden, muerte espiritual. Nada nuevo. Pero la intensidad de la autodestrucción y la maldad parece ser mayor a cuando yo nací. Quizá me parece de esa manera, por yo haber entrado a una edad en la que se pueden mezclar la juventud y la sabiduría, y veo las cosas con unos lentes más claros. Quizá porque la paternidad me ha hecho susceptible, vulnerable y maduro, al extremo de prestarle más atención a las cosas que tienen significado.

Veo a algunos *influencers*, políticos y celebridades movidos por el amor al dinero, el poder, o simplemente por la malicia; promoviendo agendas que mueven a masas de gentes, un imperio perverso que echa por tierra la creencia en un Dios bueno, trastorna la estructura familiar y funde el bien y el mal en una misma cantera. Eso me preocupa. No estoy hablando de la perfección humana. Somos seres complicados. Estoy hablando de cuando nos resistimos a hacer un esfuerzo por rechazar el estilo de vida ingenuo, inmaduro o malévolo que nos conduce a la perdición. Podemos vivir justamente, ser honestos, cargar la cruz de la existencia y abrir bien los ojos como reglas básicas y buenas. Podemos vivir una vida con propósito. Podemos crear un mundo mejor.

Acompáñame a vivir esta libre aventura. Y si lo que escribo de buena voluntad te favorece en algo, compártelo con otra persona.

Lyan B. C.

I
LA IGNORANCIA

¿Quién nos hace ignorantes? Nosotros mismos. Nos tapamos los ojos con las manos y lloramos porque está oscuro. Swami Vivekananda.

El intelecto y la ignorancia

Cada persona nace con una capacidad intelectual predeterminada. Así como no escogemos a nuestros ancestros, la estatura corporal o el tiempo en el que vivimos, tampoco tenemos voz ni voto en nuestra inteligencia. El cerebro humano es una masa gelatinosa, que pesa alrededor de tres libras y se deforma fácilmente con el toque de los dedos, sin embargo, contiene pensamientos, sueños, memorias, emociones y entendimiento; la vida depende de su buen funcionamiento y del uso que le demos.

Decirle a alguien «ignorante» tiene connotaciones negativas, porque puede confundirse con un bajo coeficiente intelectual, factor relacionado a resultados de vida a largo plazo: salud, longevidad, éxito educativo y económico. Una definición sencilla de ignorante es alguien que desconoce o no posee una idea clara de un asunto. Hay ignorantes deliberados, indiferentes a los hechos o la lógica, con una devoción obstinada a opiniones desinformadas. Hay otro grupo de ignorantes. Estas personas reconocen su ignorancia como el punto de partida en la búsqueda de la razón, y dicen como Sócrates: «Sólo sé que no sé nada». No obstante, se atreven a navegar en las sombras y cometer errores, esbozan preguntas, buscan el quid de la cosa, como exploradores en una cueva oscura, indagan a tientas, sondean, excavan, chocan con unas rocas y cuando piensan que la oscuridad los vence, aparece, a veces accidentalmente, la realidad.

Erwin Schrödinger, ganador del premio Nobel de Física, planteó un experimento mental relacionado al tema de la ignorancia. Propuso imaginar una caja negra en cuyo interior había encerrado a un gato. Junto al gato había un frasco lleno de un veneno gaseoso y un martillo que, si caía sobre el frasco, rompía y liberaba su contenido. Los científicos solo debían esperar una hora para abrir la caja y comprobar si el gato había muerto porque el mecanismo se había activado, o si continuaba con vida.[1] Todos los espectadores quedaron sorprendidos ante la dualidad del experimento imaginario, es decir, el estado indefinido del gato vivo y muerto a la vez.

El humilde acto de querer aprender, es similar a la curiosidad de saber el estado final del gato del experimento; fuerza la mano de la naturaleza para que se revele la posibilidad.

El reino de los cielos

La Biblia es el conjunto de libros más leído en el mundo. El psicólogo Jordan Peterson escribe en uno de sus *bestsellers* que el corpus bíblico «es el documento fundacional de la civilización occidental, esto es, de los valores occidentales, de la moral occidental y de la concepción del bien y del mal. Es una historia que durante mil años escribió todo el mundo y nadie, seleccionada, secuenciada y, a pesar de todo, coherente. Un estudio detallado y concienzudo del texto puede aportar revelaciones acerca de lo que creemos, cómo nos comportamos y cómo deberíamos actuar, imposibles de encontrar de prácticamente ninguna otra forma».[2]

En el primer libro del Nuevo Testamento encontramos tres textos reveladores sobre la ignorancia.[3]

Texto 1 – Mateo 5:3 (Reina Valera Revisada 1977)
Bienaventurados los pobres en el espíritu, porque de ellos es el reino de los cielos. Si leemos esta oración y la interpretamos literalmente no nos produce ningún beneficio, más bien una especie de confusión. Para que esto no suceda, es necesario considerar varios factores antes de sentarse a leer la Biblia. El libro fue escrito en hebreo, arameo y griego. Cabe la posibilidad de errores de traducción. No es menos sustancial que, al pasar por tantas manos, se cometieran errores de edición e interpretación, aun con el más sincero y genuino deseo de traernos la intención original del autor. Se recomienda que miremos diferentes versiones cuando no entendamos bien lo que dice una versión y que, cuando interpretemos el texto tenga sentido y aplicación práctica. Las adaptaciones siguientes se entienden mejor.

Palabra de Dios para Todos – Afortunados los que reconocen su necesidad espiritual, porque el reino de Dios les pertenece. *La Palabra (España)* – Felices los de espíritu sencillo, porque suyo es el reino de los cielos.

Permíteme continuar con la línea de pensamiento en los siguientes textos:

Texto 2 – Mateo 13:44
Además, el reino de los cielos es semejante a un tesoro escondido en un campo, que, encontrándolo un hombre, lo esconde; y gozoso por ello, va, vende todo lo que tiene, y compra aquel campo.

Texto 3 – Mateo 18:1-3
En aquel momento se acercaron los discípulos a Jesús, diciendo: «¿Quién es, entonces, mayor en el reino de los cielos?». Y llaman-

do Jesús a un niño, lo puso en medio de ellos, y dijo: «De cierto os digo, que, si no os volvéis y os hacéis como los niños, de ningún modo entraréis en el reino de los cielos».

La palabra bienaventurado es sinónima de dichoso y afortunado, alguien a quien se le pronostica una buena aventura. El bienaventurado es el ser humano que experimenta bienestar y serenidad. El reino de los cielos es parecido a concebir una gran idea y, abriéndosele al hombre los ojos del entendimiento, siente un deleite inigualable, protege su tesoro y es capaz de vender todas sus posesiones con tal de retenerlo. Esa idea puede ser la revelación de una verdad, un descubrimiento novedoso, o mejor aún, conocer el propósito de la vida. Y ese tesoro está reservado para el hombre que, desechando la malicia, el orgullo y las nociones preconcebidas, se convierte (conscientemente) en un niño: curioso, crédulo, se asombra cuando aprende algo, pide ayuda y se deja ayudar.

La mitología mesopotámica

Cuenta la leyenda *Enuma Elish* que el desorden reinaba en el principio de la creación. La diosa de los océanos y las profundidades, Tiamat, se casó con Kingu, el dios de la oscuridad y la confusión. Esto creó un tremendo caos. Otros dioses convocaron una reunión para buscar soluciones. Los dioses de la Tierra, los cielos y las aguas dulces, unieron sus fuerzas en el Santuario de los Destinos –un ritual de purificación y santidad– con el fin de crear otros dioses, suficientemente poderosos para vencer a Tiamat y a Kingu. El anciano dios, Anshar, declaró la guerra y delegó a los guerreros Ea y Anu, de vasta inteligencia y poderosa fuerza, a combatir en contra del ejército de Tiamat. Cuando éstos vieron a los dragones, leviatanes, y monstruos marinos, le dijeron a Anshar: «Padre mío, las obras de Tiamat son demasiado para nosotros. Su fuerza es enorme, está llena de pavor. Su estruendo no disminuye, nos asustamos y devolvimos». Anshar perdió las esperanzas y se deprimió porque ningún dios quiso hacerle frente a Tiamat.[4]

Hasta que el dios Mardoqueo, deseoso por combatir, hizo acto de presencia.

Mardoqueo poseía cuatro enormes orejas y el mismo número de ojos alrededor de su cabeza, y sus labios pronunciaban palabras mágicas. Desde pequeño, se amamantó de los pechos de las diosas del bien. «Su divinidad era impresionante, grandemente sublime, estaba por encima de los demás». Estas peculiaridades son arquetipo del hombre que se alimenta de lo espiritual, escudriña el universo y dice la verdad: cuatro orejas para escuchar, muchos ojos para mirar con atención; más oídos y ojos que bocas.

Mardoqueo se acercó a Anshar con reverencia. Cuando Anshar lo vio se disiparon sus temores y del tiro, volvió a hablar, pues había enmudecido de tristeza. Mardoqueo le pidió convocar a la Asamblea y proclamar un destino eminente. El héroe consultó con el padre de los grandes dioses antes de salir a pelear para cerciorarse de que no era capricho enfrentar al Enemigo que se dignó a ofenderlo e intimidarlo. Los dioses se reunieron en la Sala de las Deliberaciones. Cuando vieron la determinación y valentía de Mardoqueo, se llenaron de alegría, se besaron unos a otros, comieron y bebieron, sintieron sus cuerpos relajados, sin la menor preocupación. Mardoqueo peleó y venció a Tiamat. Finalmente se sentó en el trono, coronado como el dios sublime de Mesopotamia.

La manera que yo entiendo esta leyenda es que, si tú le dedicas tiempo al aprendizaje, oración y meditación, puedes adquirir sabiduría y fortaleza de carácter. Extrae de ti al hombre que se libera de sí mismo y libera a los demás del caos y la esclavitud. Extrae al héroe que vive dentro. Cuando los demás te ven se regocijan, pierden el temor y se llenan de esperanzas, porque no ven a un simple mortal, sino a una persona preparada para enfrentar el mal. Cuando el enemigo te ve, le infundes respeto porque sabe que la pelea es equilibrada.

Dos peligros

Ni la vida de Matusalén alcanza para aprenderlo todo y ni por muy inteligente que sea el hombre llegará a entender algunos misterios de la naturaleza. Hay cosas básicas que debemos conocer: un poco de política, economía, leyes civiles, o cómo relacionarnos con los demás. Pero en ninguna de estas áreas tenemos que ser expertos a no ser que sea nuestro oficio. Más adelante hablaremos de hacia dónde enfocarnos a la hora de adquirir conocimientos. Permíteme presentarte dos peligros relacionados al aprendizaje.

Primer peligro: El aumento de conciencia – Fundamentos neurocientíficos y bíblicos

Cuando nacemos somos indefensos y totalmente dependientes de quienes nos crían. Nos demoramos de doce a quince meses para caminar, tres años para articular pensamientos completos, seis años para escribir oraciones, y no es hasta la adolescencia que comenzamos a desarrollar la capacidad de cálculo avanzado. El desarrollo neuronal culmina alrededor de los veinticinco años. Durante este proceso de formación, resulta que, primero, en la infancia tenemos la misma cantidad de neuronas que las de un adulto, pero las sinapsis –los espacios entre el extremo de una neurona y otra célula vecina– no están conectadas. La casa tiene un panel central con todos los cables que necesita, pero el electricista requiere de mucho tiempo para hacer las conexiones. Segundo, a la edad de dos años, tenemos el doble de sinapsis que necesita un adulto. Por último, las nuevas conexiones son suplantadas por la poda neural. En este proceso se eliminan las sinapsis que no se usan, y las que participan con éxito en un circuito se conectan entre sí y se fortalecen.[5] Esto sucede con mayor frecuencia y maestría cuando pasamos de adolescentes a jóvenes adultos. Nuestra capacidad de razonamiento y abstracción es óptima. Es aquí cuando recibimos un aumento drástico de conciencia.

Cuenta el primer libro de La Biblia que el Creador puso al hombre en el jardín del Edén. Dios hizo que del suelo crecieran árboles de frutos comestibles y deliciosos. Había otros dos árboles en el medio del jardín: el árbol de la vida y el árbol del conocimiento del bien y del mal. El Señor les dio instrucciones a Adán y a Eva de comer libremente de todos los árboles del huerto, menos del árbol del conocimiento del bien y del mal, advirtiéndoles que, si lo hacían, de cierto modo morirían. La serpiente, con astucia y sangre fría, convenció a la mujer para que probara el fruto prohibido y ella obedeció. Adán, que estaba con ella, también comió. Los dos descubrieron que estaban desnudos y, consecuentemente, Dios pronosticó la maldición al resto de la humanidad.[6]

Podemos extraer un significado profundo de la caída del hombre. Para sacarle provecho a esta historia necesitamos silencio, leer despacio, releer, buscar textos paralelos, entender los símbolos. Así reducimos las probabilidades de equivocarnos.

Te propongo esta teoría. El árbol de la ciencia del bien y del mal está en la mente (el interior del hombre). No es una planta física con hojas y manzanas, sino una fuente que produce conocimiento.

Este fruto es bueno, agradable y codiciable para alcanzar la sabiduría (*Génesis 3:6*) y nos hace superiores a toda la creación. Para acceder a él hay que tomar la decisión de concientizarse y actuar. Me pregunté más de una vez: ¿qué hay de malo en razonar? y ¿por qué Dios insiste tanto en que no accedamos a esa capacidad privilegiada?

Si Dios es un espíritu que hizo al hombre a su imagen y semejanza, podemos deducir que el hombre tiene su misma genética. Nuestro espíritu tiene su sello. El Creador deseaba compartir su mundo y contar su historia. No podía hacerlo con la naturaleza. El sol no habla, la luna no observa, las plantas no piensan. La Tierra da vueltas porque así se le ordenó; las semillas dan frutos porque no pueden elegir otra cosa. Dios requería de un cuerpo para escribir la historia. Alguien igual a Él, que tuviera su autoridad para crear y decidir por sí mismo. Alguien en quien depositar su esencia. Y para ello, decidió introducir su espíritu en el hombre.

Yo pienso que el Enemigo estaba inquieto, dando vueltas en el jardín. Y el buen padre lo sabía. Había una labor que hacer y un reloj marcaba las horas. El hombre era nuevo y necesitaba conocer a Dios. Dios tenía una fórmula secreta, pero necesitaba tiempo para brindarle lindos instantes a sus hijos y enseñarles los Principios: un hogar en donde reinaran la armonía, la seguridad y el cariño; entretanto Él demostrara la importancia de ser fiel a la palabra, cumplir con el trabajo y la familia, conservar la limpieza, el orden y los buenos modales. Cuando el buen padre (Dios) entendiera que sus hijos tenían una porción suficiente del árbol de la vida, entonces, serían propicias las condiciones para la ciencia, porque… los hijos que carecen de valores y afecto no pueden sostener el peso del mundo.

Dios les instruyó a Adán y a Eva que pasaran tiempo con Él hasta adquirir frutos. Posteriormente, Él les daría acceso a la ciencia. Claro está que, si no se habla de maldades delante de la inocencia, si no se les explica a los hijos la diferencia entre el bien y el mal, ¿cómo pueden reconocer uno y otro? Pero no es lo mismo que sea Dios quien le hable a sus hijos de esos temas a que lo haga «la serpiente». Dios anhelaba un acercamiento genuino, sin que fueran víctimas del destino inmutable o la manipulación, y por eso les dio la libre voluntad. El Enemigo se aprovechó y logró que Adán y Eva –la representación del hombre y la mujer– pecaran. Ahora ellos entendieron su vulnerabilidad, y enseguida vieron su desnudez. Estaban expuestos a ser heridos. Estaban dolorosamente conscientes de las aflicciones terrenales, de sus propias limitaciones y del triste e inevitable fin. Conocieron cómo podían hacerles daño a otras personas, y cómo otras personas les podían hacer daño a aquellos que amaban.

Este es el peligro de recibir el drástico aumento de conciencia en posesión de un espíritu frágil y nuevo, que todavía no tiene la madurez necesaria para enfrentarse a la vida.

Dios siempre está presente para cubrir con pieles los cuerpos desnudos. Pero el daño ya está hecho. El abismo adonde nos lanza el acceso drástico a la ciencia deja secuelas. Nos escondemos del espíritu santo y nos avergonzamos de nosotros mismos. No entendemos las dos almas que viven en nuestro ser: una buena y otra mala. Cuestionamos la existencia y la bondad de Dios; buscamos vías –todas falibles– para esquivar el sufrimiento al que estamos ligados. La depresión, ansiedad, agresividad y los vicios tienden a relucir en la juventud, cuando el hombre se independiza y choca con la realidad: las responsabilidades, los acontecimientos imprevistos, la ausencia de mamá y papá, el mal que constantemente lo asedia y la muerte.

El árbol de la vida es el espíritu de Dios en la mente, la fuente de donde surge la integridad del hombre. Tenemos derecho a ella. Alimentarse de esa fuente a través de la reflexión, la buena lectura y la relación estrecha con el espíritu, produce «doce frutos, dando cada mes su fruto» (*Revelaciones 22:2*); es decir, frutos que sirven para cada época del año y están disponibles para cualquier desafío. Cuando dedicamos tiempo de calidad a escuchar la voz del interior y meditar en la Palabra (el Precepto Bíblico, la Guía Literaria, el Buen Consejo) de dentro de nosotros brota la virtud. El contacto humilde con el Invisible nos cubre del bien, de toda su fuerza y de su transparencia incorruptible. Ninguna ley nos puede condenar y, bajo esa sombra, todo lo podemos y estamos bien protegidos.

Segundo peligro: Adquirir conocimientos con objetivos viles o vanidosos – Fausto (Goethe)

Fausto es indiscutiblemente la obra maestra de Goethe. Cualquier persona que dedique medio siglo de su vida para crear algo bello, o para intentar expresar una verdad, merece admiración. Este fue el caso del poeta alemán cuando escribió las dos partes de la tragedia. Goethe le da inicio a la historia describiendo un panorama celestial en donde los ángeles cantan alabanzas a Dios. Mientras tanto, el Demonio Mefistófeles anda entre la gente, viendo cómo se atormenta el hombre, a quien tilda de extraño y pequeño dios, que utiliza la razón para la crueldad. A pesar de ello, el Demonio se compadece del ser humano porque no puede dar grandes saltos y su vida está ligada a las calamidades. El Señor entra en escena y hace un pacto con Mefistófeles para tentar al doctor Fausto, afirmando que la inteligencia y la autoridad otorgadas al hombre lo pueden conducir por dos caminos desiguales: la certeza o el error. El Señor añade que el hombre está propenso a adormecerse y extraviarse en la oscuridad, por lo tanto, necesita la compañía de un diablo que desempeñe el papel de alarma y guía.[7] Parecido al pensamiento de Carl Jung: «También debo tener un lado oscuro si quiero estar completo… cuando descubro cuánto mal hay en el fondo de mi propia mente, tomo conciencia de mi sombra y, aunque al principio esté conmocionado y desilusionado, siento que lo tengo en mis manos y que puedo corregirlo, o al menos, suprimirlo eficazmente».[8]

Fausto medita en su cuarto medieval. Le resultan inservibles su título de Medicina y el conocimiento en los campos de filosofía, leyes y teología. Su estado de ánimo es sombrío, está privado de serenidad, y viendo que su intelecto no mejora la vida de los hombres ni la suya, se entrega a la magia. Se sumerge en la lectura de Nostradamus y en la hechicería, y conjura a los espíritus para disipar sus dudas, desplegar el Macrocosmos y apoderarse de todas las fuerzas celestiales, y de esta manera, se lanza a la aventura con el Demonio. Vende su alma para alcanzar la eterna juventud, el conocimiento y la felicidad absolutos.

Fausto es un como un cartel que indica hacia dónde no ir.

La razón de existir debe estar anclada a hacer el bien, servir a los demás, cumplir con el deber y ser útil. Esta manera de pensar produce un estado de bienestar que no es circunstancial como las añoradas horas felices o los años de juventud, y no depende de los buenos resultados ni del azar. Una mezcla de paz, gozo y estabilidad nos sostienen en cualquier momento y para toda la vida.

La aspiración fáustica es luciferina, porque de sus entrañas nace el deseo pernicioso de querer ser superior a Dios. Aunque nadie se cree omnipotente y omnisciente, un Fausto sí puede quedar enviciado por las ansias de poder, y utilizar su intelecto e influencias para abatir al hombre bueno, burlarse de la justicia y tergiversar la verdad, con tal de construir una torre de Babel (que nunca llega al cielo). Hace lo que tenga que hacer para lograr su deseo. Se enamora de su ingenio y se adora a sí mismo. No ve a nadie tan grande como él. El hombre que piensa así, pone a su intelecto por encima de la integridad humana y se convierte en el mejor aliado del Enemigo.

A lo largo de la trama, Goethe demuestra la ambigüedad de Fausto. Por momentos tiene rasgos de humanidad, cuando es conmovido por el mensaje de amor de los Evangelios, cuando reconoce el valor sagrado de la modestia; y cuando maldice la lengua mentirosa, la discordia y al hombre que idolatra a las riquezas. Sin embargo, dice una cosa y hace otra. Fausto termina vencido por su obstinación egocentrista. Cuando Mefistófeles le ofrece el remedio natural para llegar joven a la vejez, se niega a ser generoso y a vivir el proceso de trabajar en el campo y comer saludable. Prefiere hacer el rezo de *la Bruja* y tomarse el jugo que instantáneamente lo convierte en joven. Poco después, queda encantado por la belleza de Gretchen y amenaza al Demonio diciéndole «tienes que conseguirme a esa muchacha… si esta noche no siento el palpitar de su sangre al tenerla en mis brazos, a medianoche nos separaremos». Enreda a la muchacha con sus encantos y destruye la vida de ella, reniega de Dios, causa estragos en cada sitio que pisa y el Demonio se lo lleva a quién sabe dónde.

El poder de la consulta: Tu propósito y tu pasión

No es posible saberlo todo ni es lógico aspirar a ello. Es humano querer saber a fondo todo lo necesario para vivir bien y restringir el sufrimiento propio y el ajeno. Es imponderable pensar que nacemos sin un propósito. Desde luego, no siempre sabemos cuál es, y en la adolescencia podemos atascarnos en la confusión de roles, pero cuando nos enfrentamos al monstruo de dejar la seguridad y el calor del hogar para crear nuestro propio destino, es mejor estar listo. Nuestro futuro es menos favorable si esperamos a la tercera década para empezar a definir qué queremos hacer con nuestras vidas. En cualquier caso, *nunca es tarde cuando la dicha es buena*. Si decidimos ponerle interés a esta cuestión y dar el paso guiado por la rectitud, quién sabe si cuando menos lo esperamos, tropezamos con una intuición profunda y el cielo entero baja hasta nosotros.

Empieza hoy por consultar a la voz serena de tu alma. Ella está disponible si tú estás dispuesto. Dedícale tiempo a la reflexión y al autoconocimiento. Piensa y háblate. Hazte preguntas: ¿Quién me inspira? ¿Qué me llama la atención? ¿Cuál es mi talento? Mientras no te decidas, crece tu viable intelectual no realizado, mayor es el desperdicio y más urgente la necesidad de dar el paso hacia delante. *La prudencia es una cosa, y la irresolución otra.* Visualízate realizando una labor que te gusta y tengas las habilidades para hacerla. Esta labor tiene que apasionarte y darle tanto sentido a tu vida que, al imaginarla, no concibas hacer otra cosa. Las ideas fluyen. Sientes la paz y convicción necesaria para emprender tu camino y definir el resto de tu vida, no importa el precio que tengas que pagar.

No te decepciones si tu sueño implica una labor física o no es el mismo de tus padres. Por el contrario. Un error que algunos cometemos es dejarnos llevar por las emociones o las buenas intenciones de nuestros padres. Eso no está bien. Yo soy padre y, por mucho que anhele que mis hijos estudien una carrera universitaria y vuelen más alto que yo, entiendo que no todos nacieron para lo mismo. No gano nada con presionarlos para que sean doctores o abogados, si en sus corazones no sienten ese llamado. Prefiero que mi hijo sea un agricultor de vocación a un intelectual frustrado. La revolución industrial no fue creada principalmente por personas con mucha educación formal. De hecho, fue en gran parte el trabajo de personas con experiencia y habilidades laborales prácticas. El economista y escritor Thomas Sowell plantea en su libro *Wealth, Poverty and Politics*:

Si bien los años de educación a menudo se usan como representación aproximada del capital humano en general, no solo se gana mucho capital humano fuera de las instituciones educativas, sino que parte de la educación desarrolla poco capital humano cuando produce pocas habilidades comercializables, si es que produce alguna, y parte de la educación puede incluso producir capital humano negativo, en forma de actitudes, expectativas y aversiones que impactan negativamente en la economía. Estos pueden incluir, en algunas culturas, la falta de voluntad de las personas educadas para trabajar o ensuciarse las manos.[9]

Thomas Edison y Henry Ford son ejemplos de hombres con poca escolaridad, pero eran educados y persistentes, a quienes la sociedad no tendría cómo pagarles.

Libros, especialistas, experiencias

Hay una ley universal que favorece el entendimiento. Todos podemos aprender de los libros, los especialistas y las experiencias. Leer te brinda cultura e historia a través de un viaje imaginario por el mundo. Leer es un hábito que amplía el vocabulario, ejercita la mente, aumenta el poder de concentración. Los especialistas son aquellas personas que dominan una determinada disciplina, materia o actividad. Si quieres desempeñar una tarea con excelencia, pégate a un especialista confiable, alguien que quiera lo mejor para ti y con el cual tengas química. Sé su discípulo. Sé receptivo. Lo más increíble del conocimiento es que no se pierde cuando se da. El que enseña aprende. Haz sentir bien a tu maestro. Las experiencias son el resultado de las vivencias, la práctica y los fracasos. Los errores ajenos tienen un gran valor para la sabiduría, mas los errores propios son experiencias sin igual, dolorosas, imborrables en la memoria.

Cuando comenzamos la práctica de cualquier oficio, por lo general, nos sobra teoría y nos falta experiencia. Yo no fui la excepción. Siendo consciente de esto, decidí ganarme la confianza del director médico de la clínica donde actualmente trabajo. Entendí que él tenía mucha más experiencia que yo, y percibí que él era humilde y estaba dispuesto a enseñarme. Cada vez que tenía un caso complicado o dudoso, iba a consultar a ese doctor: *¿qué tú crees de este paciente?; ¿qué me recomiendas hacer?; ¿consideras que es apropiado seguir investigando por mi cuenta o referirlo al especialista?* Esta estrategia no sólo me ayudó a tener un mejor ojo clínico, sino que previno que yo pusiera en riesgo la vida de algunos de mis pacientes o cometiera negligencia profesional.

En una mañana de octubre del 2023, estaba terminando de escribir unas notas cuando recibí una llamada: «Lyan, ven por favor... me duele el pecho, me siento mal». Era el director médico de la clínica, mi profesor, colega y amigo. Estaba pálido, sudoroso, frío, a punto de desmayarse. Pensé que estaba teniendo un infarto y le di los primeros auxilios. Fue trasladado al hospital para que le hicieran otras pruebas pertinentes y fuera evaluado por un cardiólogo. Pasamos un susto, pero ya él está bien. Me dio mucha satisfacción saber que él haya confiado en mí en un momento en el que peligraba su vida.

Jaque mate

Cuando consultas a los tres pilares del conocimiento –los libros, los especialistas y las experiencias– es como si jugaras una partida simultánea de ajedrez. Este deporte-ciencia requiere cierto nivel de destreza mental, fundamentado en estrategias y tácticas, teorías, análisis y síntesis, recursos indispensables para el éxito en la vida. En una simultánea, puedes jugar con varios *grandmasters* a la vez y con un tiempo predeterminado. Los expertos son rivales-aliados que están en tu presente inmediato para enseñarte. Cada jugada tiene una respuesta contraria. Generalmente, cuando avanzas de la apertura al medio juego, ya puedes evaluar tu estado actual y predecir el final. Puedes ver quién tiene el control del centro del tablero, cuán defendido está tu rey, qué necesitas sacrificar (posición o pieza), o cómo aprovecharte de una oportunidad para atacar y conseguir la victoria.

Algo curioso del ajedrez es que las partidas se anotan en una hoja de puntuación. Esto tiene un valor insuperable. Puedes repasar, ver dónde te equivocaste, cuándo el contrario hizo una jugada inaudita que le dio la ventaja. Mientras estás en la continua trayectoria de la vida, es necesario «repasar la partida». Practica, repasa, juega tu juego, repite. La repetición de los principios fundamentales es la madre de la habilidad y el control. Hazlo una y otra vez. Dale menos posibilidades al error. Haz la brillante jugada de 'zugzwang', ese momento en el que tus contrincantes están obligados a dar el paso que determina su derrota; el movimiento que te lleva a dar el jaque mate. La ignorancia, la mediocridad y la torpeza no tendrán alternativas.

El camino del guerrero: Concepto no-mente

No dejes de practicar. El neurocientífico David Eagleman explica en su libro *The Brain: The Story of You*, cómo se ve el cerebro de una persona experta mientras pone en práctica sus destrezas. Si una persona tiene práctica en una habilidad que es difícil para cualquier otra persona, las *ondas Alfa* –asociadas con el estado de reposo– reflejan una alta actividad cerebral en un electroencefalograma (EEG). En cambio, las *ondas Beta* –asociadas con la resolución de problemas– están bajas en un EEG. Quiere decir que, a pesar de la rapidez y complejidad del ejercicio, el cerebro del experto está sereno, porque el cerebro inconsciente puede funcionar a velocidades que la mente consciente es demasiado lenta para seguir. Cuando un circuito neuronal se activa repetidamente, puede convertirse en una configuración predeterminada: la respuesta con mayor probabilidad de ocurrir con éxito. Esto es similar al concepto «*no-mente*» de las artes marciales.

La película *El último samurái* narra una historia conmovedora. En el año 1876, el capitán Nathan Algren, excombatiente del ejército estadounidense (protagonizado por Tom Cruise) es contratado por un diplomático japonés para realizar un trabajo junto a otros veteranos. Japón quiere utilizar nuevas armas de fuego y necesita hombres que adiestren a sus soldados. El objetivo de la misión es destruir la rebelión de Katsumoto, el último líder de un largo linaje de samuráis. Katsumoto es devoto al emperador, pero no está de acuerdo con el concepto de occidentalizar los valores y las normas japonesas. Algren discute con su superior cuando recibe la orden de marchar contra los enemigos, porque piensa que las tropas japonesas son inexpertas y necesitan más tiempo de entrenamiento. Los samuráis, a pesar de ser inferiores en número y de luchar solo con sus armas tradicionales, vencen al otro bando durante el primer combate. Katsumoto, viendo la valentía de Algren, decide mantenerlo con vida y llevarlo a su aldea como prisionero de guerra. Su intención es aprender de su nuevo enemigo.

Algren requiere de un largo invierno de abstinencia para sanar de su alcoholismo y estrés post-traumático, secuelas de sus vivencias en la guerra. Queda sobrecogido por la cultura japonesa. Descubre la paz interior. Adquiere fuerza de carácter en la meditación, el auto sacrificio y la resistencia al dolor físico, aliados a la reticencia y la sinceridad con él mismo. En las palabras de Algren:

Sigo viviendo entre esta gente inusual. Todo el mundo es educado. Todos sonríen y juran. Pero debajo de la cortesía, detecto una profunda reserva de sentimiento. Son personas intrigantes, desde el momento en que despiertan se dedican a la perfección de lo que sea que persigan. Nunca he visto tal disciplina. ¿Qué significa ser un samurái? Dedicarse por completo a un conjunto de principios morales, buscar la quietud de la mente y dominar los caminos. Nunca he ido a la iglesia y lo que he visto en el campo de batalla me ha llevado a cuestionar el propósito de Dios, pero ciertamente hay algo espiritual en este lugar. Y aunque siempre será oscuro para mí, no puedo dejar de ser consciente de su poder.

Tras largas pláticas entre captor y prisionero, el japonés y el americano se convierten en buenos amigos. Algren ve en Katsumoto un ser culto, sensible y admirable.

Algren empieza a mantener combates de *kendo* con un samurái experto, para poder dominar el arte del sable por medio de la espada de madera. Uno de los jóvenes espectadores se sensibiliza con Algren al ver que no consigue ganarle al contrario. Algren tiene al enemigo, los errores del pasado, las atrocidades de la guerra, el sable y todo un bulto de cosas en su cabeza. El muchacho le dice «*no-mente*». Solo vences a tus enemigos si logras el estado de quietud mental en el combate. Luego se ve cómo Algren logra un empate en contra de su fuerte adversario-aliado y perfecciona su técnica.[10]

Las características de las artes tradicionales japonesas son *keishikika* (formalización), *kanzen shugi* (belleza), *seishin shuyo* (disciplina mental) y *toitsu* (integración de habilidades). Se aplican en el *kata*, en donde cada acción se vuelve reglamentaria. Le sigue la repetición constante del patrón o forma (*hampuku*). Dominar el patrón de forma resulta en licencias y grados (*kyu y dan*) y en la perfección. Cuando un practicante llega más allá del patrón o forma, se vuelve uno con él.[11] Este es el estado de «*no-mente*». Cuando practicamos una tarea repetidamente, las neuronas se cablean y se hunden fortalecidas por debajo del nivel de la conciencia. En ese momento, podemos realizar una tarea de forma automática y sin pensar en ella, es decir, sin el conocimiento consciente de ello. Esta debe ser tu aspiración en aquello que te propongas hacer en la vida.

No hay que ser un genio para triunfar. Hay técnicos millonarios y doctores endeudados. Hay personas educadas, respetables y civilizadas con un bajo nivel escolar, contrario a algunas personas universitarias con poco sentido común. A todos se nos dio una capacidad intelectual; a unos más que a otros. La grandeza del ser humano está en la aplicación de la inteligencia que le fue dada para ser útil. Sé fiel en lo poco y haz el bien. Enfócate en el autoconocimiento, en nutrir tu mente con la vida espiritual, en la práctica continua de tus habilidades. El reino de los cielos está reservado para los pobres en el espíritu; los que renuncian al orgullo, no creen que se las saben todas, son permeables, y se convierten espontáneamente en unos niños de corazón. En los mismos tiempos de Homero, reflexiona el apóstol José Martí: «el que ganó por fin el sitio, y entró en Troya, no fue Áyax el del escudo, ni Aquiles el de la lanza, ni Diomedes el del carro, sino Ulises, que era el hombre de ingenio, y ponía en paz a los envidiosos, y pensaba pronto, lo que no les ocurría a los demás».[12] Vale la pena informarse, educarse y especializarse. *Estar preparado es todo.* En el momento menos pensado, la oportunidad –el punto congruente de la preparación y la suerte– toca tu puerta. Te convertirás en el dueño de ese tesoro que estaba escondido, y aunque no puedas evitar algunas desgracias de la vida, serás libre, y libre para siempre de una: la ignorancia deliberada.

II
LA CARNE

Dadme un hombre tal que no sea esclavo de pasión alguna, y yo lo llevaré en lo profundo de mi corazón. Shakespeare – Hamlet.

Las divisiones de la mente

Según el hombre piensa en su mente, él tal es, dice un proverbio de Salomón. Las decisiones están vinculadas a los pensamientos. En la corteza prefrontal tenemos la voluntad (voz interior) para decidir y ella nos habla hasta durmiendo. Si la educamos y fortalecemos, puede resultar ser más útil que cualquier habilidad.

Sigmund Freud revoluciona la psicología del siglo XX con un análisis peculiar de la mente humana. La premisa fundamental de su teoría psicoanalítica está en dividir la psique en consciente, preconsciente y subconsciente. El consciente consiste en los procesos mentales que son el foco de nuestra atención. Somos conscientes si estamos despiertos. El preconsciente es aquello que está sin manifestarse, pero es capaz de hacerse consciente de un momento a otro, como lo es una idea o el conocimiento almacenado en la memoria. El subconsciente es la fuente elemental del juicio, los sentimientos y el comportamiento. Parecido a las raíces insondables de un árbol, el subconsciente es la parte más vital de la mente.[1]

Freud agrega tres agentes mentales que interactúan entre sí: el *id, ego y superego*. El id es la parte primitiva del subconsciente. Contiene impulsos sexuales y violentos. El id es «lo quiero, y lo quiero ahora». Es testarudo, no le interesa otra cosa que satisfacer los deseos, independientemente de las consecuencias. Es el instinto de supervivencia del recién nacido que llora cuando tiene hambre, sueño o frío. No comprende la realidad objetiva, es egoísta y de naturaleza ilusoria. El ego es el mediador entre los deseos del id y el superego. Es la única parte de la personalidad consciente. Idealmente, el ego es guiado por la razón para satisfacer las demandas del id de una manera segura y socialmente aceptable. El ego considera las realidades y normas, la etiqueta y las reglas de comportamiento. Pero el ego es un árbitro sin conceptos del bien y del mal; algo es bueno simplemente si logra su fin de causar placer sin daños a sí mismo o al id. El superego es la moral, la voz del interior que nos llama la atención cuando hacemos algo indebido. Incorpora los valores y la religión que se aprenden en casa. El superego nos motiva a hacer «lo correcto», no porque nos estén mirando o pueda traernos recompensas, sino porque es correcto. Puede persuadir al ego a recurrir a la honestidad y la decencia antes de tomar una decisión exclusivamente realista.

Si algo logra el polémico Freud es que, aunque es incapaz de reconocer una sana experiencia religiosa como fuente de cordura y solidez mental, y sobre enfatiza la sexualidad como único aspecto propulsor de neurosis (patologías psiquiátricas), sus ideas nos brindan una mejor noción de la mente intangible, una puerta de entrada a las profundidades del alma. Detente unos segundos y piensa en esto: a veces somos egoístas, otras veces generosos; en ocasiones nos dejamos llevar por un deseo ilícito, en otras ocasiones prevalecen la obligación y el deber moral. Estamos compuestos de impulsos invisibles. Todos quieren el control.

Hércules – Mitología versus *Id*

Tenemos un lado oculto, una sombra que nos acecha. Nacimos con ese id insaciable y corrupto. Lo llevamos en la sangre y se alimenta con las vivencias. Si le soltamos las riendas, nos puede llevar a lo más bajo de la degradación humana. Si no lo sometemos a la voluntad perfecta de la mente, traicionamos a nuestros amigos, herimos a quienes amamos y caemos en el abismo.

Hércules fue un semidios de la mitología griega. Su fuerza innata, preparación física y valor le proporcionaron innumerables victorias y fama mundial. Fue capaz de descuartizar a dos cobras, enviadas por la diosa Hera para envenenarlo, cuando era un niño. Peleó cuerpo a cuerpo con el león de Nemea, una bestia que «parecía haber salido del Inframundo, que no cazaba por hambre o por necesidad, sino por gusto, y que ningún hombre había podido sobrevivir». Mató a la Hidra de Lerna, criatura de dientes filosos, garras ponzoñosas, fuerza descomunal y aliento venenoso. La Hidra regeneraba sus cabezas y por cada cabeza que le cortaban ganaba dos. Hércules cumplió con los desafíos impuestos por el rey Euristeo para conseguir el perdón de los dioses del Olimpo, sin embargo, nunca logró gobernarse a sí mismo.[2]

Eurípides contó cómo el héroe, en una etapa de su vida, «retozó» con cincuenta mujeres a la vez, y cómo su desenfreno sensual se repitió a lo largo de la leyenda. El épico hombre no lograba contenerse, explotando en arranques de ira, perdiendo la cabeza por cosas insignificantes, hechizos u ofensas. De un golpe en la cabeza mató al maestro Lino, por un regaño merecido, mientras éste le enseñaba a tocar un instrumento musical. En otra ocasión, cegado por la ira, en uno de esos tantos ataques de locura, se hizo un collar de orejas y narices de los emisarios del rey Erginio, sencillamente porque le exigieron el pago de los impuestos. Hércules nunca se saciaba de vino y bebía hasta perder la razón. La mezcla de alcohol con su cólera convirtió al personaje en una tragedia viviente. Algunas versiones cuentan que Hera hizo creer a Hércules que Megara, su esposa, le era infiel con otro hombre, lo que desencadenó un ataque de celos cruel y sanguinario. En su furia, la asesinó a ella y a sus hijos. Y, como suele sucederles a las personas que, embriagadas por una droga o enloquecidas por la rabia cometen faltas imperdonables, al recobrar el juicio, los escoltan la culpa y el desasosiego, Hércules no fue la excepción. Al final de sus días vivió con dos mujeres. Una mujer tuvo celos de la otra y humedeció su túnica con veneno. Al ponérsela Hércules, su piel ardió de un dolor insoportable, hasta el punto que les pidió a sus amigos que lo quemaran vivo en una pira. Así termina la tragedia.

A la mayor verdad le llaman cuento. Hay un misterio en las leyendas que sobreviven la languidez de la memoria. Somos atraídos de generación en generación por la ficción, como si las palabras de cada escritor tomaran fuerza y nos sedujeran a mirarnos por dentro, haciendo evidente quiénes somos y el destino que nos espera si ignoramos la moraleja de la historia. Algo de Hércules tenemos tú y yo. Hago alusión a la bestia silvestre, al aguijón en la carne; aquello que es perverso y viciado por naturaleza. Shakespeare lo aclara en las palabras de Hamlet: «Así sucede muchas veces con ciertos individuos que, por algún lunar de su naturaleza, como de nacimiento, del cual no son culpables, por el exceso de un temperamento que suele derribarle a la razón sus fuertes y baluartes; que esos hombres, marcados con un solo defecto, aun siendo sus virtudes de otra parte más puras que la gracia, tan infinitas como le es posible a un hombre, en la censura general quedarán corrompidos por esa falta única».[3]

Una corteza prefrontal robusta puede impedirnos comer y tomar cada vez que se nos antoje, flirtear con cualquiera que despierte nuestros deseos, o explotar cada vez que estamos enojados. Nadie quiere terminar como Hércules, prefiriendo una muerte cruel antes que una vida henchida de dolor y remordimiento. De poco nos sirven la fuerza y la inteligencia si no reconocemos nuestras debilidades y descuidamos la atención que éstas llevan. Es exactamente en ese límite entre el impulso y el comportamiento aceptable donde comienzan la mayoría de nuestros problemas. Cuanto más intensa es la potestad del cerebro emocional, menos capacidad tiene el cerebro racional para frenarla.

El llamado del Rey

En el segundo libro del profeta Samuel, el rey David preguntó a uno de sus criados si había quedado algún descendiente de la casa de Saúl. Permíteme hacer una pausa para dar un recorrido por la historia entre el joven soldado David y el rey Saúl unos años atrás. Cuando David mató a Goliat, el pueblo lo recibió con cánticos y alabanzas. Las mujeres cantaron *Saúl hirió a sus miles, y David a sus diez miles*. Saúl se enceló de David y nunca más lo miró con buenos ojos. Intentó matarlo varias veces con su lanza o con tropas especiales de su ejército. No lo logró. En uno de los atentados Jonatán, hijo de Saúl, salvó a David y los dos hicieron un pacto de amistad: «Te juro por el Dios de Israel, que pasado mañana, a esta misma hora, aquí mismo le preguntaré a mi padre qué piensa hacer contigo. Si todo está bien, te lo mandaré a decir. Pero si quiere matarte y no te lo digo, ¡que Dios me castigue duramente si no te ayudo a escapar! Que Dios te cuide como cuidó a mi padre. Yo sé que Dios no dejará vivo a ninguno de tus enemigos. Pero tú, ¡júrame que serás bueno conmigo, así como Dios ha sido bueno con nosotros! Júrame que no dejarás que me maten, ni que maten a toda mi familia».[4]

David huyó al desierto con un grupo de hombres. Mientras Saúl persistía en quitarle la vida, David le perdonó la suya en dos ocasiones. La fama de David creció por su gallardía y astucia militar. Saúl y sus hijos murieron en manos de los filisteos. Poco tiempo después, David fue coronado rey de Israel.

2 Samuel 9:3-7 (Reina Valera Actualizada 2015)

³ El rey le preguntó:

—¿No queda nadie de la casa de Saúl a quien yo pueda mostrar la bondad de Dios?

Siba respondió al rey:

—Aún queda un hijo de Jonatán, lisiado de ambos pies.

⁴ Entonces le preguntó el rey:

—¿Dónde está?

Siba respondió al rey:

—He aquí que está en la casa de Maquir hijo de Amiel, en Lo-debar.

⁵ El rey David envió a traerlo. ⁶ Entonces Mefiboset hijo de Jonatán, nieto de Saúl, vino a David, y cayendo sobre su rostro se postró. David le dijo:

—¿Mefiboset?

Y él respondió:

—He aquí tu siervo.

⁷ David le dijo:

—No tengas temor, porque ciertamente yo te mostraré bondad por amor a tu padre Jonatán. Te devolveré todas las tierras de tu padre Saúl, y tú comerás siempre a mi mesa.

Mefiboset… El Rey te mandó a buscar. Tú estás escondido en Lo-debar: tierra desierta, sin expectativas ni sueños. Has cambiado de identidad y has perdido la orientación. No sabes a quién recurrir. Tu padre ha muerto. Andas bien lejos del Rey porque no lo conoces. Has oído hablar de Él, pero nunca has tenido un encuentro personal. Tú piensas que el Rey te va a despreciar porque estás lisiado de ambos pies. Naciste con ese defecto, con esa debilidad; hay un mal de fondo que heredaste de tu familia. Temes por tu vida porque llevas la sangre de Saúl, y crees que no tienes perdón. Pero, el Rey te mandó a buscar.

No puedes mirarle a la cara y doblas rodillas en su presencia. «No temas», te dice. «Mandé a buscarte para que vivas en mi casa. Te mostraré bondad y cuidaré de ti. Se lo juré a tu padre. Pasa tiempo conmigo, siéntate a mi mesa, a mi lado estarás seguro».

El encuentro con el Rey es el llamado de tu conciencia. La culpa te aprieta el pecho. Bajas la cabeza, arrepentido y avergonzado. Reconoces que no te has comportado a la altura de la excelencia. Allí, a solas con el Rey, cae con tus lágrimas el orgullo al suelo; emerge de tu interior la voz del perdón y la misericordia. Y sientes como si la vida te abriera los brazos con una nueva oportunidad.

Presta atención: Lo que ves, escuchas y hablas

En la antigüedad habían ciudades fortificadas con muros. Cualquier ejército enemigo tenía que arreglársela con flechas y piedras pesadas para poder herir a los soldados dentro la ciudad. De lo contrario recurrían a pelear en las afueras. No era como ahora que hay tanques y misiles aéreos de gran potencia y precisión. Un estado bien protegido con bloques de veinte metros de altura era difícil penetrar. Una alternativa era entrar por las puertas de la ciudad. Las puertas, aunque blindadas con cerrojos de hierro y flanqueadas por torres fuertes, eran una parte más vulnerable de las defensas, porque había que abrirlas para permitir la entrada y salida de viajeros, mercancía, ciudadanos, animales y comestibles. Si no se podía entrar a la fuerza, un adversario sagaz podía ingeniar un modo de infiltración.

Guarda tu corazón sobre todas las cosas. Es una tarea difícil y requiere disciplina. No es un día ni dos, es siempre; una guerra constante contigo mismo. No puedes hacerlo solo ni a pura fuerza de voluntad. Selecciona lo que entra a tu mente. Presta atención a lo que ves, lo que escuchas y lo que hablas.

Tus ojos son las puertas de tu ciudad. Están siempre abiertos interpretando imágenes, convirtiendo fotones de luz en la cara tierna de tu madre o en los hermosos matices del alba. Son de tanta preeminencia que un treinta tres por ciento de tu cerebro está dedicado a la vista. Los ojos nunca se cierran, los párpados son los que tapan el iris cuando descansas. Aun allí, en la fase de movimientos oculares rápidos (MOR), sigues viendo el mundo subconsciente, lleno de recuerdos, espejismos y sueños.[5] Tus ojos son los órganos sensoriales de mayor influencia en lo que piensas.

Sé consciente de lo que ves. Recuerda que, estando despierto, puedes mirar a un lado o a otro, darle fuerza a un pensamiento en tu mente o bloquearlo. Pregúntate qué estás viendo en la televisión, en las redes sociales, en tu computadora, en el camino al trabajo, en tu móvil. Cuestiónate si eso que observas concuerda con la moral o complace un deseo engañoso de la carne.

Canaliza tu visión para hacer el bien supremo. Presta atención, mantente alerta, lee, inquiere. Hay muchas cosas lindas que puedes apreciar hoy, un mundo sano y bueno que puedes imaginar. Cierra las puertas a la impureza y los malos deseos. Sustituye el libertinaje con el deber, la gratificación instantánea con el sacrificio. Con la práctica verás lo que no se ve a simple vista, lo que otros no ven. Con el tiempo se cumplirán en ti Las Escrituras: *Bienaventurados los de limpio corazón, porque ellos verán a Dios.* No existe nada más maravilloso que ver el rostro del Invisible, saber que Él se alegra con tu conducta, percibir cuando escribe en el cielo: *Ese es mi hijo amado, en el cual tengo complacencia.*

El infierno de Dante

Dante Alighieri recibe la revelación de su obra maestra *La divina comedia* a los 35 años de edad, en medio de una crisis emocional enorme, resultado de su ofuscación intelectual, dificultades financieras y frustración por la degradación moral y política de Italia en el siglo XIII. En un principio siente temor y escribe: ¡Cuán penoso es referir lo horrible e intransitable de aquella cerrada selva, y recordar el pavor que puso en mi pensamiento! Mira a lo alto y sube a la montaña (en su mente). Se le aparece Virgilio, representando la sabiduría y la elocuencia; y Beatriz, la imagen del amor divino. En ese momento siente paz para proseguir.

Dante ve a continuación tres fieras: una pantera, un león y una loba. Estas fieras impiden a los hombres vivir en el paraíso. La pantera es lóbrega y veloz: simboliza el desenfreno. El león es aterrador y fuerte, tiene erguida la cabeza, *hasta el aire se estremece al verlo*: alude a la violencia. Según la gravedad del pecado, los violentos caen en aros hondos y escurridos, cada vez más cerca de Satanás. La loba infunde perturbación porque está preñada de deseos insaciables: encarna la codicia, la maldad y la traición, castigados en los últimos dos círculos. Dante escribe que los ocupantes del infierno «están privados de toda luz… espíritus perversos y almas laceradas… insanas criaturas que someten la razón al apetito… se despedazan contra ellos mismos con los dientes por la ira reconcentrada… hombres soberbios, sin ninguna buena cualidad que dé honra a su memoria, solo sus sombras poseídas de furor… fraudulentos de benigna apariencia por fuera, promotores de discordia, ingratos y traidores».[6]

No recomiendo leer a Dante antes de dormir. Sí recomiendo interpretar el infierno en sentido figurado, porque dudo que la intención de Dante sea atemorizarnos diciendo: ¡Pecador, esto es lo que te espera al morir! Realmente no lo veo así. Hay un pensamiento implícito y a la vez tangible en su poesía. Su voz nítida y certera profetiza lo que nos puede suceder en vida si nos dejamos llevar por el *id* pecaminoso. Ese es el infierno. Congelarse con *la lluvia implacable, fría y pesada, que cae siempre igual y del mismo modo...* No poder decir otra cosa que *blasfemias y lamentos incesantes...* Caer eternamente en *el abismo de sufrimientos que encierra todas las maldades del universo.*

No sé de cielos ni de infiernos fuera de esta vida. No hablo con los muertos. De ese viaje nadie retorna. ¿Quién sabe por qué? Lo que escribo es para los vivos, pues podemos aprender, cambiar de actitud, mejorar el carácter, dominar los impulsos, superar traumas y bendecir y amar a los demás. Los vivos creamos instituciones perdurables, aportamos valor a la sociedad y hacemos que la vida de todos sea tolerable y rica. Los vivos hacemos que los días en la tierra sean como los días en el cielo. Los vivos somos la esperanza del mundo.

El canto de las Sirenas

Tras la aclamada victoria de los argivos en Troya, Ulises emprendió su viaje de regreso a Ítaca. En su patria natal estaban su esposa Penélope, su único hijo y su padre. Al principio de la odisea, Ulises y sus hombres hirieron a Polifemo en el ojo con una estaca ardiente, tratando de escapar de una cueva en donde el cíclope los tenía presos. Lo que Ulises no sabía era que el caníbal-gigante Polifemo era hijo de Poseidón. El viaje de unos meses se convirtió en una travesía de veinte años, porque Poseidón –el dios de los mares que sacuden la tierra–, le guardó constante rencor y se empeñó en destruirlo.[7]

Ulises queda para la historia como el arquetipo del hombre admirable. No sólo por su destreza, discreción y honradez, sino por no rendirse nunca ante las desventuras de la vida, sean causadas por designios de los dioses, injusticias, o la mala suerte. Ulises es de intachable conducta; no da un paso sin pensar o pedir dirección sabia, cuida a los suyos, y eso parece ser un atractivo sin igual para que Zeus –el dios poderoso del Olimpo– y Atenas –el arte y la sabiduría– lo alerten y protejan siempre, sin importar las circunstancias o a quiénes tenga en su contra.

El titán de Homero llegó a la morada de Circe, una diosa terrible que, viendo la intervención divina sobre Ulises, juró ayudarlo a continuar su viaje de regreso a Ítaca. Lo llevó de la mano a un lugar apartado y lo alertó en voz baja:

Primero llegarás a las Sirenas que encantan a cuantos hombres van a su encuentro. Aquel que imprudentemente se acerca demasiado y escucha el canto de las Sirenas, ya no vuelve a ver a su esposa y sus pequeñuelos cuando regresa a su hogar, sino que le hechizan con el sonoro canto, sentadas en una pradera y teniendo a su alrededor enorme montón de huesos de hombres putrefactos cuya piel se va consumiendo. Pasa de largo y tapa con cera los oídos de tus hombres, para que ninguno las oiga; mas si tú desearas oírlas, haz que te aten en la velera embarcación de pies y manos, derecho y arrimado a la parte inferior del mástil, y que las sogas se liguen al mismo. Y caso de que supliques a los compañeros que te suelten, que te aten con más lazos todavía.

Ulises partió dispuesto. El barco se deslizó por un mar tranquilo hacia la isla. La tripulación quiso aterrizar, pero Ulises les advirtió que se mantuvieran alejados de las Sirenas. Tomó un pan de cera de abejas, lo rompió en pequeños pedazos, tapó los oídos de sus hombres y les ordenó que lo ataran firmemente al mástil

43

del barco. Avanzaron bordeando la costa. El suave canto de las Sirenas llegó a los oídos de Ulises.

Ulises, el más valiente de los héroes,
acércate a nosotros, en nuestra isla verde,
Ulises, te enseñaremos sabiduría,
te daremos amor, más dulce que la miel.
Las canciones que cantamos, alivian el dolor,
y en nuestros brazos, serás feliz.
Ulises, el más valiente de los héroes,
las canciones que cantamos te traerán paz.

Ulises quedó encantado. Anheló sumergirse en las olas, nadar hasta la orilla y abrazar a las Sirenas. Trató de zafarse de las ataduras y frunció el ceño para que sus hombres lo liberaran. Esperando ellos esta reacción, lo sujetaron más reciamente al mástil y remaron cada vez más fuerte hasta librarse del peligro.

Tus pasos dejan huellas. Siempre habrá cantos de Sirenas a tu alrededor. La fiera se acuerda quién es y salta por instinto. No va a cambiar. Amárrala al madero.

El poder de la palabra

Hace unos años se me ocurrió un experimento. Estaba impartiendo clases a un grupo de jóvenes en una iglesia y les propuse escoger un sábado para hacer un voto de silencio por veinticuatro horas. Era un día libre. Tenían que colocarse un cartel en el pecho que decía: *No puedo hablar hasta mañana a no ser una emergencia*. Las reglas eran sencillas: podían gesticular, escribir, estudiar, correr, tomar agua y comer, pero tenían que abstenerse de hablar. Yo también me comprometí a hacerlo. Asintieron. Les pedí que me contaran sus experiencias al reunirnos la semana entrante. Organizamos una mesa redonda y contamos lo que habíamos vivido. Un grupo pequeño abandonó el ensayo pasadas las primeras horas. *No pudimos, simplemente, no pudimos*, se expresaron. La inmensa mayoría pudo vencer la prueba. Hablaron de lo difícil que les resultó, las veces que casi se les escaparon las frases de la boca; las expresiones de la gente cuando intentaba leer el cartel, y otras historias. Fue divertido. Sin embargo, la idea era ayudarlos a escuchar su voz interior, reflexionar en adquirir un buen vocabulario, pensar antes de hablar, medir el tono de voz, y entender el poder de la palabra. Obviamente, no sé si logré o no convertirlos en oradores cultos en una semana, pero dudo que se les haya olvidado el experimento.

La mayoría de nosotros pronunciamos unas dieciséis mil palabras por día. Te has preguntado, ¿cuántas de ellas tienen significado? *Somos esclavos de lo que decimos, dueños del silencio*. Tenemos dos ojos, dos orejas y una boca. La naturaleza nos provee de una ecuación sencilla. Debe haber un balance. Considera estas cinco reglas antes de hablar:

1. *De todos los animales, el hombre es el único que miente.* Mark Twain.

Sé honesto. Haciendo esto, reduces la complejidad del Ser a la simplicidad de tu palabra.

2. *Ninguna palabra corrompida salga de tu boca, sino la que sea buena para la necesaria edificación, a fin de dar gracia a los oyentes.* Efesios 4:29.

Enseña, construye o consuela. Si el objetivo es otro, es preferible callar.

3. *Identifica algo que no entiendes, que se manifiesta de forma confusa o enredada. Descríbelo. Ponle nombre. Experiménta-*

lo. Modifícalo hablando la verdad. Así crearás un mundo nuevo, una realidad habitable de algo que estaba indefinido. Jordan Peterson.

Crea algo bueno de la nada. Aquí radica tu capacidad de ser como Dios: un creador.

4. *El agradecimiento es la parte principal de un hombre de bien.* Francisco de Quevedo.

Sé agradecido. Exprésale gratitud a Dios y a tus semejantes. Enumera las bendiciones en tu vida; incluye aquellas cosas que tienes sin haberlas trabajado o merecido.

5. *Los hechos son cosas obstinadas; y cualesquiera que sean nuestros deseos, nuestras inclinaciones o los dictados de nuestra pasión, no pueden alterar el estado de los hechos y la evidencia.* John Adams.

Habla razonablemente. Apóyate en la verdad y en los hechos. La especulación debe ser un último recurso.

Hablar es un milagro. No tomamos en cuenta lo difícil que fue para el hombre juntar vocales y consonantes para crear palabras; cuánto tiempo pasó para nombrar y describir las cosas, tener un lenguaje común en el que los sonidos tuvieran significado. La palabra tiene poder. Y podemos utilizarla para hacer mucho bien siendo honestos. Esa es la regla de oro. Puedes ser bonito, respetuoso, entendido y locuaz, y convencer a otros con falsos argumentos. Nunca seas esa persona. Es mejor ser íntegro que culto; la honestidad está por encima de la belleza y el intelecto. Di la verdad. Será como si tus palabras cayeran de las alturas a avivar los corazones de los hombres.

Nuestra lucha

El *Paraíso Perdido* es un clásico de la literatura. En esta epopeya de enorme energía dramática, John Milton narra la sublevación de Lucifer ante el Altísimo, su consecuente expulsión del cielo junto a sus seguidores, los motivos del pecado original y la redención del hombre por medio de Jesucristo. Milton se apoya en breves pasajes bíblicos para describir la constante lucha entre el bien y el mal, y la grandeza de Dios al otorgarle el libre albedrío al hombre. Su obra es fundamental para entender el pensamiento y la cultura occidentales. A continuación, comparto algunos apuntes en donde el escritor inglés retrata a Satanás.[8]

Lucifer: Características y frases notables

1. *Ni me arrepiento, ni he decaído, bien que menguada exteriormente mi brillantez… Ni su cólera ni su fuerza me arrebatarán nunca esta gloria: humillarme y pedir gracia, y acatar un poder, cuyo ascendiente ha puesto en duda poco a mi terrible brazo, sería una bajeza, una ignominia, más vergonzosa aún que nuestra caída.*

Es un hijo de Dios. No concibe la idea de servir al espíritu que lo creó. Prefiere dejar de existir antes que honrar al Padre.

2. *Tú eras el modelo de la perfección, lleno de sabiduría y de exquisita belleza. Estabas en el Edén. Tenías la ropa adornada con toda clase de piedras preciosas. Era tanta tu hermosura que tu corazón se envaneció. Por causa de tu esplendor corrompiste tu sabiduría.[9]*

Vive enamorado de su razón y su belleza.

3. *Vileza es mostrarse débil, bien en las obras, bien en el sufrimiento. Ten por seguro que nuestro fin no consistirá nunca en*

hacer bien: el mal será nuestra única delicia, por ser lo que contraría la suprema voluntad a que resistimos. Si de nuestro mal procura su Providencia sacar el bien, debemos esforzarnos en malograr su empeño, buscando hasta en el bien los medios de hacer el mal.

Es el eterno enemigo de Dios y del hombre. Se deleita haciendo el mal.

4. *Volveré en breve para trasladarlos, a ti (el Pecado) y a la Muerte, a una morada donde vivirán entre placeres, donde discurrirán con libre vuelo, invisibles, y sacien sin tasa vuestro apetito; todo será presa suya.*

Es el padre de todo pecado que conduce a la muerte espiritual.

5. *Cambió en tranquilo exterior todos sus afectos, y como tan diestro en ardides, que no tenía igual en dar a la falsedad el aspecto de la virtud, encubrió su malicia con la que preparaba su venganza.*

Es astuto y encantador. Distorsiona la verdad para confundir y dividir al hombre.

El poder del diablo no radica en ser el príncipe de los ángeles caídos ni en castigar eternamente a los muertos con llamas de azufre. Su terreno predilecto es otro. Su poder está en alimentar tus pensamientos con placeres lascivos e ideas perversas. Su astucia está en hacerte creer que lo malo es bueno, y con un lindo disfraz encubrir el pecado que te asedia. Tu gracia está en hablar y actuar como un verdadero hijo de Dios, a pesar de tener en el alma al Señor Oscuro; y si no crees en Dios, vivir como si existiera, comprometerte contigo mismo a decir la verdad, defender los principios morales, ganarte la vida dignamente, llevarte bien con tu hermano, pasar por alto la ofensa, y ofrecer tus talentos al servicio de la humanidad. Poner en práctica los mandamientos de Él es mejor que probar su existencia. Hacer su voluntad neutraliza al enemigo que reside en ti y te protege de sus planes sombríos. La serpiente antigua podrá herirte el talón, pero tú estarás firmemente parado sobre su cabeza.

Parar para reparar

Vivimos agitados: distracciones, problemas, trabajos, ruidos, luces, noticias, cuentas, escuelas, niños; corre para aquí, corre para allá. Tal parece que el fin de semana se empata con el lunes en un abrir y cerrar de ojos. Y el afán continúa. Semejante a Sísifo, empujamos la enorme piedra cuesta arriba y antes de alcanzar la cima de la colina, la piedra rueda hacia abajo una y otra vez. Tenemos que tomar medidas. De lo contrario, envejecemos, enfermamos y morimos física y espiritualmente. A nivel hormonal, el cortisol y adrenalina se disparan. Esto desencadena un estado de *fight-flight (lucha o vuela)* sostenido, como un interruptor que permanece encendido. Aumenta la frecuencia cardíaca, presión arterial, respiración y nivel de glucosa en sangre. El sistema inmunológico queda en *shock* y débil para defenderse de enfermedades respiratorias e infecciosas. La inflamación nos hace propensos a dolores crónicos (fibromialgia, migrañas), síndrome de colon irritable, fatiga muscular, y al cáncer. A nivel neurológico, disminuye la serotonina, conocida como el neurotransmisor de la alegría.[10]

Las zonas neuronales relacionadas al autocontrol, paciencia y retención cognitiva disminuyen de tamaño, y las zonas conexas al estrés aumentan de tamaño. A nivel espiritual, el id se alimenta y crece, y el superego, localizado en el mismo lugar (subconsciente) que el id, mengua. Reaccionamos a los impulsos, nos airamos frecuentemente y sin justificación, y nos deprimimos. Queremos y queremos más pues nos cuesta apreciar lo que ya tenemos. Nunca es suficiente. Somos un animal sin freno, desbocados por un barranco a alta velocidad. Somos presa fácil para el enemigo y no nos damos cuenta. El árbol de la vida se seca, y a veces el descuido es tan prolongado que, cuando vamos a regarlo y nutrirlo, el daño es irreparable.

Por lo tanto, tómate un instante para hacer nada. Literalmente, nada. Separa un tiempo para ti. Apaga todo audiovisual, despídete de tu pareja, dales la bendición a los niños, y enciérrate en un cuarto oscuro. Hazte dueño de la soledad, del silencio dilatado. Es tu momento de *parar para reparar*.[11]

Dios

Si me preguntaras qué es lo más importante en mi vida, te diría, sin pensarlo dos veces: el conocimiento de la palabra de Dios y mi relación íntima con Él. Todo lo demás depende de eso. Y no digo esto en tono religioso, creyéndome ser un santo. No. Soy un amasijo de Hércules, Mefiboset y Ulises. Lo digo porque sé lo que es vivir separado de Dios. Cuando Dios creó los peces le habló a los mares, cuando creó las plantas le habló a la tierra, y cuando creó al hombre, se habló a sí mismo. Cuando nos distanciamos de su espíritu nos sucede igual que los peces fuera del agua y las plantas arrancadas de la tierra. *Separados de mí*, dice Jesús, *nada podéis hacer*.

¿Quién es Dios para mí? Dios es el Invisible, la pura manifestación del bien que vive en el interior del ser humano. Dios es el espíritu que trasciende tiempo y espacio. Él es el *Elyon*, la Máxima Autoridad. No hay nada más grande que el amor, la verdad y la justicia, y Dios es todo eso. Dios es la voz que responde a un corazón sincero, a las inquietudes genuinas y al sacrificio. Él es la fuerza que necesitas para hacer un cambio de actitud cuando persigues un sueño con suficiente interés y respeto. Su brazo poderoso te ayuda a cargar la cruz fastidiosa del Ser y a salir de la esclavitud de un tirano. La persona que recibe su visita, sufre una sacudida tan viva que llega a lo más profundo. Y si no es así, precisa hacer algo que justifique su sufrimiento, sus errores o lo que en algún momento hizo deliberadamente mal. Poco a poco, el espíritu empieza a manifestársele, sea en la voz tierna (interna), en sueños, en mensajes o en la intervención de asuntos que requieren una fuerza sobrenatural. Unos le llaman intuición, el sexto sentido, conciencia moral; yo le llamo Dios. No niego las observaciones concretas, por el contrario, como hombre de ciencia me esfuerzo por entender las cosas razonablemente e intento ofrecer explicaciones objetivas. Al hombre entendido le cuesta probar tanto la existencia de Dios como su inexistencia. En este caso, someto la razón a la fe –la certeza de lo que no puedo ver– y digo lo mismo que Voltaire: *si Dios no existiera, habría que inventarlo.*

La visita del Invisible

Abraham era rico en oro, tierras, propiedades y ganado. Tenía todo a lo que un hombre puede aspirar. Pero a Abraham le faltaba algo. El hombre de la fe, avanzado en edad, no tenía a quien dejarle su nombre y toda su riqueza. Abraham fue visitado por tres varones que, según interpretaciones teológicas, eran la manifestación de Dios mismo (*Génesis 18*). Sentado a la puerta de su tienda, al mediodía, Abraham salió corriendo a recibirlos y les pidió que se quedaran un rato. Ordenó a sus criados que trajeran un poco de agua para que se lavaran los pies y pudieran descansar bajo la sombra de un árbol. Después entró a la tienda donde estaba su esposa, y le dijo: *¡Date prisa! Toma unos veinte kilos de la mejor harina, y ponte a hacer pan.* Luego él fue al corral y sacrificó al más gordo de sus novillos. Lo preparó, y ofreció a sus invitados carne cocida, pan, mantequilla y leche. Mientras ellos comían, Abraham se quedó de pie, atento a la visita.[12]

Yo imagino cómo Abraham, pensando que los varones venían de un largo viaje, fatigados del calor desértico, sedientos y hambrientos, se dispuso a ofrecerles agua, comida y reposo. Imagino la alegría y la urgencia con la que le habló a Sara: *¡Date prisa, mujer!, no te imaginas quién nos visitó... no se puede ir hasta que hable con nosotros*. Abraham sacrificó lo primero, lo más valioso; aquello que hace sentir bien al Padre, porque entendió que Él se alimentaba del agradecimiento, la adoración, la obediencia y la buena relación con sus hijos. A Abraham le llaman «amigo de Dios» porque puso su absoluta confianza en Él, como modelo de hombre que apuesta todo a vivir justamente. Me parece que Abraham se expresó así: *¡Qué bueno que me visitaste! Heme aquí, permíteme recibirte como te mereces; siéntete digno de mí, anhelo escuchar tu voz; déjame preparar condiciones para que te sientas a gusto. Si hallé gracia delante de ti, no te vayas.*

En ese momento Abraham recibió la promesa de su hijo Isaac y, por cuanto obedeció la voz de Dios, en su simiente fueron benditas todas las naciones de la tierra.

Los vestidos

De hoy en adelante, considera un tiempo a solas con el espíritu. Sepárate a reflexionar en la Palabra. Esto es, todo lo que está escrito para el beneficio del ser humano, la verdad iterable que prevalece, no importa quién la aplique. Sepárate a conversar con Dios, como si estuvieses hablando con una persona cercana a ti. Ten presente que en una conversación se habla y se escucha, y no siempre tienes una respuesta inmediata ni la deseada. Si le vas a pedir algo a Dios, pídele conocerlo, que te enseñe a ser como su Hijo, y que la gente vea en ti la belleza de su gloria y la bondad de su corazón. No le pidas otra cosa. Busca su presencia antes de acostarte a dormir y al levantarte. Saca tiempo de calidad para Dios.

El pecado trajo destrucción. Cuando Adán y Eva desobedecieron, Dios protegió el acceso al espíritu santo para que no se contaminara con la maldad y la ciencia del hombre. *Y dijo Dios: He aquí el hombre es como uno de nosotros, sabiendo el bien y el mal; ahora, pues, que no alargue su mano, y tome también del árbol de la vida, y coma, y viva para siempre. Echó, pues, fuera al hombre, y puso al oriente del huerto del Edén querubines, y una espada encendida que se revolvía por todos lados, para guardar el camino del árbol de la vida.* Pasaron milenios para que el Verbo se hiciera carne. Jesús, el cordero de Dios (*Juan 1:29*), fue tentado en todo como nosotros, pero sin falta (*Hebreos 4:15*); sacrificó su vida y venció al enemigo. Tomó las llaves de la muerte (*Revelaciones 1:18*) y Dios le dio un lugar en el mundo espiritual por encima de toda autoridad y poder; un nombre sobre todo nombre (*Efesios 1:20-22*).

Está escrito: *Bienaventurados los que lavan sus vestidos, para tener derecho al árbol de la vida.*[13] Esto es un llamado a limpiar nuestra impureza, renunciando a los deseos de la carne y renovándonos con la mente de Cristo. Cristo es la Unción (amor, gozo, compasión, lealtad, sencillez, paz y dominio propio) y la Palabra (conocimiento y sabiduría) dirigiendo nuestros pensamientos y conducta. No hay otra fórmula que supere ese estilo de vida. Y no hay otra manera de vivir que nos dé derecho a la intimidad con Dios.

En las puertas del palacio real hay ángeles guardianes. La entrada fue comprada a un alto precio. Una espada incandescente consume el pecado y los malos designios. Si tu intención es quitarte las sandalias y lavar tus vestidos, no importa la sangre de Saúl en tus venas, las puertas se abren. Detrás de ellas, hay un Rey esperándote en su trono inconmovible; un Dios de pactos que dio la vida de su Hijo por ti. Nunca más serás igual cuando le mires a los ojos y te sientes a su mesa.

III
LA ENFERMEDAD

Amado, yo deseo que tú seas prosperado en todas las cosas,
y que tengas salud, así como prospera tu alma. 3 Juan 1:2.

La enfermedad y la medicina

La vida mejor vivida no puede sustraernos de las enfermedades. Gran parte de la plenitud del ser consiste en tener salud y gozo. Para mantenernos saludables necesitamos disciplina, una buena herencia genética, y un poco de suerte.

Llevo más de una década trabajando como doctor de cabecera en una clínica de adultos. Tengo la responsabilidad de proveer cuidados primarios (PCP) a 500-600 pacientes. Esto conlleva el control de medidas preventivas, manejo de enfermedades crónicas como la hipertensión, hiperlipidemia, diabetes y depresión, y tratamiento de afecciones agudas como ataques de asma, traumas, contagios y muchas más. Fui inspirado por mi padre. Él era especialista de garganta, nariz y oído (otorrinolaringólogo), muy querido en el pueblo donde me crié en Cuba. Con sus manos diestras sacaba cuerpos extraños, operaba amígdalas, adenoides y pólipos, reconstruía tímpanos y tabiques, en fin, hacía maravillas. Cuando la gente lo veía en la calle y se acordaba que, gracias a ese doctor podía respirar, o no se atoraba al comer, o ya su hijo no estaba ronco ni padecía de otitis, no tenía cómo agradecerle. Y ese héroe no era inalcanzable como *Superman* ni me visitaba sólo en las Navidades como *Santa Claus*; estaba en mi casa, me llevaba de la mano y me hacía feliz. Crecí pensando en ser como él.

La carrera de un profesional de la salud es compleja y requiere de vocación y sacrificio. Algunas experiencias son tan desconcertantes que, más allá de hacerte cuestionar tu misión, te comprometes con el estudio y la práctica, te sensibilizas y sientes la responsabilidad moral de servir a la sociedad; cambias la perspectiva, la forma de ver la vida. Quieres sanar, curar, aliviar. Cuando no lo logras, te frustras y buscas las alternativas y los porqués.

La ciencia y los pacientes

Los verdaderos científicos operan según un código de principios. En primer lugar, entienden que existe una realidad criptogénica en el cosmos que, de ser explicada y verificada, puede ser favorable universalmente. En segundo lugar, los científicos deben comportarse de manera ética, sin violar los pasos del método establecido. Por último, tienen que estar dispuestos a abandonar la teoría si no pueden probarla.[1] Para tratar óptimamente una enfermedad, los médicos precisan de estudios investigativos legítimos entrelazados de la experiencia clínica. Pero, ningún texto es tan real como los pacientes *in vivo*. Debemos confiar en lo que aprendemos de ellos.

Gracias a los avances de la ciencia, el ser humano a nivel global tiene mayores posibilidades de ser longevo. La expectativa de vida de un hombre en el año 1920 (después de la influenza española) era de 47 años; ahora es de aproximadamente 77 años.[2] Los descubrimientos de vacunas y medicinas han prolongado y mejorado la calidad de vida. Un caso notable fue el del primer presidente estadounidense, George Washington, quien murió ahogado de una faringitis tras un resfriado, algo que hoy tratamos sin dificultad con una inyección o un ciclo de antibióticos orales.[3] La tecnología también ha hecho que tengamos fácil acceso a la atención primaria y a equipos diagnósticos (ultrasonidos, escáneres, resonancias magnéticas) y laboratorios. Hay enfermedades que prácticamente han desaparecido del mapa. Es raro que en la actualidad mueran personas de fiebre amarilla, poliomielitis, tétanos o tosferina. No obstante, nos seguimos enfermando de la mente y del cuerpo por miles de razones: genéticas, medioambientales, obstructivas, inmunológicas, infecciosas, etcétera. Eso no va a cambiar. Lo que sí puede cambiar son los malos hábitos que contribuyen a algunas de las enfermedades que nos afectan hoy.

Zonas azules

Recientemente, vi el documental de Netflix: *Vive hasta los 100 – Secretos de las Zonas Azules*.[4] En él, el autor y productor Dan Buettner, investiga cinco comunidades únicas (zonas azules) donde las personas viven vidas largas y vibrantes. El video capta como una okinawense baila con una botella en la cabeza, ensarta anillas y toca una guitarra japonesa; un costarricense salta sobre su caballo sin esfuerzo y corta pasto con su machete; un italiano sube y baja los collados y pastorea a las ovejas; una mujer de Loma Linda, California, juega *pickleball*, cocina, y se reúne con sus hermanos de la fe todos los sábados. En algunos de estos sitios, la incidencia de obesidad, diabetes e hipertensión es ínfima, y no existen los hogares de ancianos, pues la familia y los vecinos se ocupan de ellos. Estas personas comparten elementos similares: una dieta mayormente basada en plantas, movimiento natural del cuerpo, cercanía entre amigos y parientes, enfoque en un plan de vida.

Tengo alrededor de cien pacientes octogenarios y nonagenarios, incluyendo a mis abuelos paternos. Pipo, como cariñosamente le decimos al abuelo, no come comida rápida ni bebe alcohol o gaseosas. En lugar de invertir en membresías de gimnasios, camina casi todos los días por media hora. Puede conducir su automóvil, pero lo utiliza para ir al supermercado o a visitar a algún familiar. Mima (la abuela), confecciona ropa y cuida los jardines de la casa. Su dieta consiste en arroz, frijoles, vegetales, frutas, panes y algo de proteína animal. Los dos comen para vivir, no viven para comer; igual al *Hara Hachi Bu*, el «mantra» japonés de comer hasta quedar saciado un ochenta por ciento. Tanto los abuelos como mis pacientes de edad avanzada toman pocas medicinas, creen en Dios, honran a la familia, y anteponen la calidad de vida al estatus y al poder adquisitivo. Predican las viejas costumbres porque envejecieron junto con ellas, y les funcionó.

La pandemia

La segunda semana de Julio del 2020 recibí un mensaje de texto: «Fui a la clínica y me dio positiva la prueba del COVID-19. Papá». Él llevaba unos días con tos, escalofríos y malestares en el cuerpo, y no había mejorado con las medicinas por venta libre. Le mandaron un ciclo de azitromicina, prednisona y antitusígenos. Pasaron seis días y estaba peor. Ni el aerosol ni el oxígeno le quitaban la falta de aire y la fatiga. El oxímetro de pulso registraba entre 85%-90%. Decidimos ingresarlo al hospital el domingo 12 de Julio. Yo pensé: «Papi está fuerte como un tronco, tiene controlada su presión, no padece de nada... un poco de sobrepeso, pero activo». Y era verdad. No me estaba haciendo ilusiones. Al principio de la pandemia, los expertos decían que las personas de alto riesgo eran los mayores de 65 años, diabéticos, inmunodeprimidos, enfermos de los riñones, pulmones o corazón. Pero en el campo de la medicina, no importa cuánto un doctor sepa, ese conocimiento puede ser irrelevante, incluso obsoleto, en ciertos períodos de la carrera. El coronavirus me enseñó eso.

El diagnóstico que se le dio a mi padre fue neumonía. Me cercioré de que recibiera las nuevas medicinas junto al tratamiento convencional. Los primeros días estuvo estable. Mi hermano y yo mantuvimos la comunicación con él vía mensajes o llamadas, porque las visitas en los hospitales estaban prohibidas. Yo seguía al frente de la batalla en la consulta; pendiente de las últimas noticias y orientaciones de la comunidad científica. Nadie sabía nada, y creo que los que sabían algo fueron silenciados. Fue un periodo de desinformación y confusión en donde se cometieron errores costosos. El peso de la justicia debe caer sobre aquellos que usaron la pandemia con fines de lucro y poder político. Pero esto es un tema que prefiero no abordar aquí.

Sentí mis alas caer cuando mi padre me llamó ese jueves por la noche. No tenía apetito, algo que nunca había escuchado de él en mis cuarenta años. No habían variado las radiografías de tórax, y su doctor decidió ponerle la máquina de presión positiva binivelada (*BiPAP*). Fui a verlo la mañana siguiente. Estaba jadeando por aire, con los ojos marchitos, y había perdido como veinte libras. «Me estoy muriendo, mi hijo», se expresó entrecortado. No recuerdo todo lo que le respondí intentando darle consuelo. Pasé mis manos por sus manos y su frente. Y sé que hubo una fuerza mayor sosteniendo mis piernas y mi llanto. Era mi padre, mi héroe, el hombre fuerte… y los dos sabíamos que se estaba muriendo.

Un ansiolítico le proporcionó unas horas de alivio antes de que lo intubaran esa misma tarde. Pasaron tres días. La madrugada de domingo a lunes no dormí y estuve comunicándome con su enfermera. Al amanecer, fui a caminar. Escuché una de sus canciones favoritas de los Beatles, *Here comes the sun*. Hablé con Dios: «Más allá de él ser mi padre, él es tu hijo… tú lo tienes en la palma de tu mano… te doy gracias por habérmelo dado todos estos años… que se haga tu voluntad… que no sufra». *"Little darlin', I feel that ice is slowly melting… here comes the sun, here comes the sun, and I say, it's alright."*

> *El mundo no es el mismo*
> *desde que no he podido conversar*
> *(en paz) contigo,*
> *desde que no consigo dibujarte*
> *en mi memoria estéril, prolongar*
> *tu voz, los ademanes, tu sonrisa*
> *mientras me cobijabas*
> *y me decías algo, lo que fuera,*
> *que me aliviaba, padre.*

Espectro, Eloy Urroz.

Considero que soy afortunado en gran manera, principalmente por mi crianza, algo que ninguno de nosotros puede escoger. De mi padre recibí la ciencia, el deporte, la hombría; de mi madre la cristiandad: perdonar, ser espléndido, entregado y pacífico. A mi hermano y a mí nos dedicaron todo su cariño, se esmeraron por educarnos bien y por que viviéramos la unión y armonía familiar. El afecto y el orden conformaban para ellos un dúo inseparable… porque nos querían.

Las enfermedades del alma (la mente)

Sentirse querido y protegido por los padres no tiene precio. Es uno de los requisitos para la prosperidad del ser humano. Aunque no sea un factor determinante, es influyente. Más de la mitad de las personas que buscan atención psiquiátrica han sido agredidas, abandonadas, desatendidas o incluso violadas en su infancia, o han sido testigos de violencia en sus familias. Éstas y otras estadísticas relacionadas a las enfermedades del alma son alarmantes. En primer lugar, porque la incidencia de estas enfermedades aumenta a pesar de la eficacia de las medicinas modernas y modalidades terapéuticas. En segundo lugar, porque los que «pierden la cabeza» quedan incapacitados, en muchos casos, de por vida. En este segmento veremos por qué la gente se enferma de «los nervios» y cuáles son las avenidas que mejores funcionan en el tratamiento cotidiano y en la prevención de las recaídas.

Muchos seguros médicos exigen que los pacientes sean evaluados por el doctor general antes de aprobar cualquier referido. Mi responsabilidad es grande en todos los sentidos, más aún cuando hablamos de la salud mental. Si determino que un paciente puede ser tratado por mí, no me puede quedar la menor duda de esa determinación. Si decido referir al paciente a algún terapeuta mental, tengo que cerciorarme de que éste no presente un peligro para su vida o la de otros y pueda esperar el tiempo programado para verse con dicho especialista. A lo largo de mi carrera he estudiado minuciosamente las enfermedades de la mente y, como la educación nunca termina, continúo indagando y aprendiendo cosas nuevas. Por mi consulta han pasado miles de personas con depresión, ansiedad, estrés postraumático, bipolaridad, adicciones, demencia; por mencionar algunas afecciones relevantes. ¡Cómo no interesarme por ellas! Creo en lo profundo de mi ser, que nací para servir a los demás. Me esfuerzo por estar bien ungido de discernimiento, ciencia, tolerancia y compasión para ayudar a que los pacientes soporten la carga del Ser; el sufrimiento y la fragilidad a la que están (estamos) sometidos. En un día laboral cualquiera, además de vestirme de bata blanca, debo tener disponibles la túnica sacerdotal, la palabra del psicólogo y el afecto de un amigo. Los pacientes tienen que ver al ser humano por encima del profesional; ése que los escucha y les dedica tiempo. Eso sana. Y si no sana, alivia. El respeto y la sensibilidad del médico son un bálsamo para cualquier dolor.

PRINCIPALES CAUSAS DE ENFERMEDADES MENTALES

Trauma

El Centro de Control y Prevención de Enfermedades (CDC) afirma los siguientes datos: uno por cada cinco estadounidenses es abusado sexualmente cuando niño; uno de cada cuatro es golpeado por uno de los padres hasta el punto de dejarle una marca en el cuerpo; un tercio de las parejas sufre de violencia física; el veinticinco por ciento crece con parientes alcohólicos; y una de ocho personas presencia cómo golpean a su madre.[5] Esto es una carga pesada para cualquiera, sobre todo porque proviene de personas que deben amarnos y protegernos. En las cuatro paredes de mi consulta están grabadas historias de esa índole: desgarradoras, inconcebibles, casi imposibles de digerir.

El psiquiatra Bessel Van der Kolk se ha dedicado al trauma por más de cuarenta años. Él observa en su libro *El cuerpo lleva la cuenta* que «las experiencias traumáticas dejan huellas, ya sea a gran escala (historias y culturas) o cerca de casa, en nuestras familias. La gente intenta sacárselas de la cabeza, actuar como si nada hubiera pasado y seguir adelante. Pero se necesita una energía tremenda para seguir funcionando mientras se carga el recuerdo del terror y la vergüenza de la debilidad y vulnerabilidad absolutas». Basado en su vasta experiencia, el científico holandés añade: «Si bien todos queremos ir más allá del trauma, la parte de nuestro cerebro que se dedica a garantizar nuestra supervivencia (muy por debajo de nuestro cerebro racional) no es muy buena para negarlo. Puede reactivarse ante el menor indicio de peligro, movilizar circuitos cerebrales perturbados y secretar cantidades masivas de hormonas del estrés. Esto precipita emociones desagradables, sensaciones físicas intensas, y acciones impulsivas y agresivas».[6]

La amígdala, área 19 de Brodmann, y el lóbulo frontal izquierdo: Lo que pasó, ¿pasó?

Van der Kolk perteneció a la cátedra de la Universidad de Medicina de Harvard desde principios de los años noventa, considerada entre las de mayor prestigio mundial. Su colega, el doctor Scott Rauch, era el director del Laboratorio de Neuro-imágenes del Hospital General de Massachusetts. Los dos científicos deseaban saber qué les sucedía a las víctimas de trauma a nivel neurológico. Utilizaron la nueva tecnología (escáner y resonancia magnética) para ver el cerebro de cada paciente cuando era expuesto a escenas retrospectivas. Con la aprobación de los participantes, una asistente de investigación recreaba los eventos dolorosos que los perseguían. Ella les leía un fragmento de sus experiencias o los exponía a imágenes que evocaban el pasado. Para tener una medida de referencia, también les pedía que describieran una escena en donde se sentían seguros y en control. Los pacientes respiraban oxígeno radiado para que los doctores identificaran qué partes del cerebro se volvían más o menos metabólicamente activas.

Las neuro-imágenes mostraron puntos y colores desconcertantes en el área límbica, en especial, la amígdala. Dependemos de la amígdala como órgano que despierta el instinto de conservación para advertirnos de un peligro inminente y activar la respuesta del cuerpo. En este estudio, la amígdala reaccionó con alarma, como si el evento no hubiese quedado en el pasado; estaba pasando en ese momento. Esta activación prolongada desencadenó una cascada de adrenalina y cortisol, e impulsos nerviosos que aumentaron la presión arterial, el pulso y la transpiración, preparando al cuerpo de las víctimas para la «lucha o huida». La otra zona activada fue la corteza visual (área 19 de Brodmann). Esta región registra las imágenes cuando ingresan por primera vez al cerebro. En condiciones normales, las imágenes en bruto registradas en el área de Brodmann, se difunden rápidamente a otras áreas del cerebro que interpretan el significado de lo que se ha visto. En los pacientes traumatizados, esta área se reavivó como si el trauma realmente estuviera ocurriendo.

El área de Broca –lóbulo frontal izquierdo– quedó desactivada. La disminución en esa parte del cerebro a menudo se ve afectada en pacientes con accidente cerebrovascular (ictus), cuando se corta el suministro de sangre a esa región. Sin un área de Broca funcional, no puedes hablar, o expresar tus pensamientos y sentimientos con palabras. Los científicos tienen pruebas visuales de que los efectos del trauma no son necesariamente diferentes a los efectos de lesiones físicas como los *strokes*. «En condiciones extremas, la gente puede gritar obscenidades, llamar a sus madres, aullar de terror o simplemente encerrarse. Las víctimas de agresiones y accidentes permanecen mudas y congeladas en las salas de urgencia; los niños traumatizados 'pierden la lengua' y se niegan a hablar. Las fotografías de soldados de combate muestran a hombres con los ojos hundidos mirando en silencio al vacío».

La escritora Rosa Montero aporta en su novela *La ridícula idea de no volver a verte* que el verdadero dolor producido por una tragedia es indecible. «Si puedes hablar de lo que te acongoja estás de suerte… porque cuando el dolor cae sobre ti sin paliativos, lo primero que te arranca es la palabra».[7] No puedes razonar, mucho menos articular. No puedes identificar causa y efecto. Pierdes la capacidad de fantasear sobre aquellas cosas que producen placer: la comida, los viajes, el sexo, los *hobbies*, el bienestar de los hijos. Pierdes la imaginación. Son interrumpidos tus sueños y tu creatividad. Y te pasa como a la esposa de Ladás en la obra *Cristo de nuevo crucificado* de Nikos Kazantzakis. Esta señora sufrió la enfermedad mortal de su hija adolescente, y su marido era tan ruin que, teniendo dinero en abundancia, no gastó ni permitió que ella gastase un centavo en doctores. La mujer «se volvió en la muerta que todavía caminaba y comía y dormía y se despertaba, pero no vivía. Y tenía la beatitud y el desinterés y la dignidad de los muertos… Sólo por momentos levantaba los ojos, opacos, ni tristes ni contentos; muertos. Era como si su mirada traspasaba el pellejo y los huesos del viejo Ladás, y veía, detrás de él, la pared de la casa, y detrás de la pared, la calle y la aldea y el campo, y un poco más allá, el monte Sarakina, y detrás del monte, muy lejos ya, el mar, y más allá del mar, un algo negro inmenso, inmóvil, peludo: la Nada».[8]

La ciencia nos provee verdades concretas con las cuales sustentar el arte. La subjetividad emocional de Shakespeare: ¡Oh horror, horror, horror! ¡Ni la lengua ni el corazón pueden concebirte ni nombrarte! es evidente en neuro-imágenes de personas que no han superado un trauma. La amígdala y la corteza visual quedan activadas constantemente, en vez de sólo hacerlo en cortos instantes de peligro; el área de Broca queda desactivada como si no llegase el oxígeno y los nutrientes al cerebro.

Tipos de personalidad

La personalidad es la combinación de cualidades que forman el carácter distintivo de un individuo. La mayoría de las definiciones de personalidad se centran en las características que predicen y explican patrones de comportamiento. Conocer esta autoexpresión humana nos ayuda a comprender quiénes somos y por qué actuamos como actuamos. La personalidad –también le llamamos temperamento– es un producto tanto de la biología como de nuestro contacto con el mundo exterior que permanece bastante constante a lo largo de la vida.

Uno de los atributos que primero debo identificar en mis pacientes es su tipo de personalidad. Esto puede ayudarme a determinar cómo pueden reaccionar ante una situación negativa y qué tan efectiva puede ser una u otra forma de tratamiento. La palabra personalidad proviene del latín *persona*, que se refiere a una máscara teatral que usan los artistas para interpretar roles o disfrazar sus identidades. Si la persona que tengo en consulta deshonra su propia realidad y no se sincera conmigo, mostrando una cara hoy y otra mañana, perdemos los dos, pero quien más se perjudica es ella. Por eso hago hincapié en la sinceridad como condición elemental para un buen tratamiento. Partiendo del punto de la verdad, podemos afirmar que el tipo de personalidad tiene un impacto en la salud, incluidas algunas enfermedades, la frecuencia con la que una persona visita al médico y cómo afronta los trances de la vida. Veamos la siguiente teoría reconocida por la Asociación de Psicología Americana.[9]

Tipo A (Perfeccionistas): Impacientes, competitivas, agresivas, obsesionadas con el trabajo, súper enfocadas en los resultados; viven estresadas porque quieren terminar las faenas de inmediato y que todo les salga bien; prefieren la estabilidad de un horario fijo. Una persona que critica a un tipo A puede decir: «Qué intenso es fulano de tal».

-*Efectos en la salud*: Ambiente social hostil, aislamiento, frustración, ira, ansiedad, hipertensión y abuso de alcohol.

Tipo B (Libres de estrés): Ecuánimes, flexibles, creativas, adaptables al cambio, pacientes; tienen tendencia a aplazar algunas obligaciones.

-*Efectos en la salud*: La naturaleza pasiva y benévola los hace menos propensos a buscar ayuda, porque no quieren ser una carga ni molestar a otras personas. No van a las visitas del doctor como están programadas. Estas personas son las que a veces dicen: «Mi abuela nunca fue al doctor y vivió noventa años» o «El pobre doctor no tiene por qué enterarse de todas mis penas».

Tipo C (Conscientes/Introvertidas): Extremadamente conscientes, detallistas; les cuesta expresar tanto las emociones positivas como las negativas y envasan en su interior todo lo que les sucede.

-Efectos en la salud: Baja inmunidad, estreñimiento crónico, fobias y depresión.

Tipo D (Neuróticas): Excesivamente preocupadas, sombrías, irritables, pesimistas; son de voz interior negativa, evitan conflictos y enfrentamientos; por su baja autoestima le tienen miedo al rechazo de la gente.

-Efectos en la salud: El pesimismo y las reacciones emocionales negativas ante desafíos menores hace que estas personas sean más propensas a enfermedades cardíacas, síndrome de colon irritable, ataques de pánico, ansiedad generalizada, trastorno depresivo mayor, abuso de sustancias, personalidad antisocial y menor esperanza de vida.

Es importante señalar que cada uno de los rasgos primarios de la personalidad representa dos extremos. Por ejemplo, el tipo C personaliza un continuo entre la introversión extrema y la extroversión extrema; el tipo A representa el polo opuesto del tipo B. La mayoría de las personas se encuentran en algún punto intermedio, de hecho, no tienen una etiqueta exacta, sino una inclinación a comportarse según una personalidad más que otra. La experiencia me dicta que la madurez –la voz interior educada y fortalecida– es más determinante que la influencia del temperamento innato o las experiencias que dan forma a nuestro existir.

Ni torres de piedra, ni muros de bronce, ni insanas mazmorras ni argollas de hierro pueden someter la fuerza del espíritu.[10] Cuando somos más conscientes y maduros, entendemos que los extremos son malos hasta en los rasgos de personalidad positivos, por lo cual debe haber un balance en nuestra conducta. Más adelante hablaremos sobre cómo lograr este balance.

Declive de la vida religiosa (espiritual)

El declive de la vida religiosa enferma al ser humano. Hay gente que se jacta diciendo que no es religiosa. El origen de la palabra religión viene del latín *religare*. «Ligare» significa unir; el prefijo «re» se aproxima a las expresiones adverbiales: de nuevo, otra vez, nuevamente. *Religare* es reunir, fusionar una idea con otra, congregarse con un mismo sentir. Pero bueno, cuando hablo del declive religioso, me refiero a la exigua disposición de no creer que somos seres espirituales y, por consiguiente, rechazamos a Dios o a cualquier entidad religiosa.[11]

La ciencia es la búsqueda empírica de la realidad. En vez de alejarnos de Dios, debería acercarnos a Él. Somos tan perfectos y complejos que me resulta imposible creer que surgimos de una explosión o de casualidad. Escuché a un anciano decir que ser ateo es parecido a llegar a una isla desierta, ver una casa de madera con ventanas, puertas y techo, y creer que fue construida por vientos huracanados. Tanta precisión, tanta logística tienen que ser creados por un ser pensante. Una observación fisiológica de muchas es este misterio: nadie se explica cómo es que el corazón late, respiramos, y el oxígeno y los nutrientes son transportados a todas las células del cuerpo; y que esta perfección ocurra de forma automática e ininterrumpida a lo largo de la vida.

Dios y la ciencia deben coexistir. Podemos aprender tanto de las historias, proverbios, y parábolas de la Biblia como de la ciencia. Cuando nos oponemos a la aplicación práctica de la ciencia y los preceptos religiosos, la vida resulta más compleja, porque obviamos puntos clave de referencia. El efecto es similar a cuando no tenemos una razón de ser. Los japoneses le llaman *Ikigai*, palabra que define vivir una vida (*iki*) en paz y armonía, llena de buenos deseos y sanas motivaciones (*gai*).[12] En pocas palabras, tener una razón digna personal o profesional, por la cual valga la pena vivir y dedicar todos nuestros talentos y esfuerzos en vivirla de esa manera.

Concuerdo con el pensamiento del psicoanalista Carl Jung: «Me parece que, junto con la decadencia de la vida religiosa, las neurosis se vuelven notablemente más frecuentes. Como resultado, el estado mental del hombre muestra un alarmante desequilibrio. Es innegable que vivimos en un período de máxima inquietud, tensión nerviosa, confusión y desorientación de perspectivas».[13] Jung dijo eso en el año 1933, poco antes de que estallara la segunda guerra mundial. Yo no estoy prediciendo una guerra nuclear que nos destruirá a todos. Pero si miramos a nuestro alrededor, podemos divisar que estamos viviendo tiempos raros, como si la humanidad se alejara de Aquel que es su vida misma. El hombre moderno siente una aversión inmutable por la tradición y espiritualidad. Es más fácil seguir a Lebron James en *Twitter* o a Charli D'Amelio en *TikTok* que creer que Jesús es el Salvador. Al joven de hoy le cuesta conciliar las perspectivas científicas y religiosas, experimentar a Dios en su corazón, porque para él todo principio judeo-cristiano no tiene autoridad ni defensa. Le resulta absurdo, como una fábula, creer en lo que no se ve o en extrañas filosofías. Frente a esta actitud, todos los valores de una civilización virtuosa y ordenada corren peligro.

Algunos de estos hombres abandonan el espíritu de la tradición por razones honestas, no por pura maldad. Se dejan llevar por la corriente del sistema. Creo que éstos son la mayoría. Según Jung, hay otros hombres, «algunas de esas naturalezas denigrantes, destructivas y perversas –excéntricos desequilibrados– que nunca están satisfechos en nada y que, por lo tanto, acuden a cada nueva bandera, con la esperanza de encontrar por una vez algo que pueda expiar a bajo costo sus deudas, su propia insuficiencia». A éstos, es mejor evitarlos en el ámbito personal.

La mentira

La represión (de la verdad o de hacer el bien) contribuye de forma relevante al desarrollo de enfermedades mentales. Freud estaba claro al afirmar eso. La mentira contamina al hombre. El deshonesto se cree el cuento que tantas veces se repite, actúa escenas irreales, crea castillos en el aire. Consecuentemente, destruye su autoestima y la confianza en sí mismo. El daño no para ahí, porque el que tiene el valor de mentirse también le miente a los demás y a nadie le gusta que le mientan. Cuando te mienten, sientes frustración, rabia e impotencia; como si se burlaran de ti o te vieran cara de ingenuo. Terminas aislándote o rompiendo los vínculos con quien te traiciona. Suficientes razones para que el salmista le orara al Señor diciendo: *Libra mi alma de la lengua fraudulenta*. Nunca habrá una mejor opción que buscar la verdad, entenderla, hablarla y vivirla: *Conoceréis la verdad, y la verdad os hará libres*. Cuando eres consciente de decir la verdad, un freno imaginario controla tu impulso de mentir. Tus labios se acostumbran a hablar con sinceridad, y te es más fácil identificar cuando alguien te miente.

La locura está más cerca de lo que crees: miente lo suficiente o sé condescendiente cuando alguien miente y puede que ella entre a tu terreno. Una vez dentro, no hay quién la saque de allí.

Hace unos meses vi un video cómico en YouTube. Merece la pena compartirlo. Se titula: *La entrevista de trabajo falsa de papá (Dad's fake job interview)*.[14] En este video corto, un hombre vestido de traje se sienta junto a su hija de cinco-seis años en la sala de su casa para grabar una entrevista virtual. Lo que la niña no sabe es que es una broma orquestada por el padre. El hombre comienza: *Yo me levanto a las 4:00 de la mañana todos los días, salgo a correr y corro unas doce millas. Cuando regreso, me cercioro de que la casa esté limpia y ordenada. Lavo todos los platos.* En ese instante, la niña se levanta, hace un ademán como directora de escena y grita: *Corta. No es verdad; no es verdad.* Hay que ver las expresiones faciales de esta niña. *Priceless.* Tan linda, tan genuina. No concibe cómo al papá se le ocurren tantas mentiras. El hombre continúa: *Me aseguro de que todos los perros estén bañados. Así, cuando mi mujer se despierta ya está todo hecho. Soy muy diligente en eso.* La niña vuelve a levantarse y dice: *Bye.* Parece que le dijera: *Papá, has dicho suficiente; no puedo contigo.*

Veamos tres ejemplos de mentiras que algunos nos hemos creído.

1. La mentira basada en la autopercepción

El refrán *La verdad está en el ojo del que mira* no es cierto. Mis ojos pueden mirar una cosa, los tuyos otra. Mi verdad y la tuya no siempre coinciden con la Verdad. Me explico: Si un varón adolescente cree que es una hembra en el cuerpo equivocado, eso no es verdad; puede ser su verdad, pero no es la Verdad. El sexo en biología se corresponde con la capacidad de los entes biológicos para generar gametos (células reproductoras masculinas o femeninas de un ser vivo), a través de los cuales se combinan caracteres genéticos. El hombre es XY y la mujer es XX en la pareja veintitrés de cromosomas. El hombre tiene testículos, pene, próstata. La mujer tiene ovarios, trompas de Falopio, útero, vagina, senos diseñados principalmente para amamantar; menstrúa, ovula y puede quedar embarazada y parir.[15] Esa es la verdad científica, definitiva. Ningún padre tiene la obligación de afirmar «el género» de un hijo, y el padre que lo haga es cómplice de una mentira perniciosa, que en la actualidad envenena hasta las mentes de los que ejecutan la ley; algunos políticos la tergiversan, y uno que otro doctor se aprovecha financieramente a costa del sufrimiento y la ignorancia. Yo no soy juez. Para juzgar están Dios y las leyes. Cualquier persona que piense que es mujer siendo hombre o viceversa, está confundida y requiere de ayuda profesional y del apoyo emocional de sus seres queridos. Eso no quiere decir que los doctores ni los familiares y amigos tienen que aceptar la mentira. Por el contrario, el trabajo de los terapeutas es ayudar a las personas a reconocer, experimentar y soportar la realidad de la vida, con sus angustias y placeres. Es imposible lograrlo si el paciente o el terapeuta son desleales. Una cosa es sensibilizarse con el ser humano, respetarlo, aceptarlo tal y como es, y otra cosa muy diferente es aceptar el comportamiento ilusorio y convertirse a él.

2. La mentira basada en la igualdad

No somos iguales. Creer que todos somos iguales es una utopía. Los cubanos le decimos a una gran mentira: «Eso es tremenda guayaba»; aludiendo al peligro de tragarse una guayaba entera. Te ahogas. Y eso es lo que pasa con los países que adoptan esta manera de pensar de Marx y Engels (*El Manifiesto Comunista*). Un hombre no es igual a otro; una mujer no es igual a otra; un hombre no es igual a una mujer. Una sociedad no puede ser igual a otra. Eso es ilógico. Tenemos una huella digital única; diferentes físicos, gustos, intelectos, habilidades, creencias. Las disparidades infinitas le dan versatilidad y color a la vida. Yo no soy igual a otro hombre superior en inteligencia y fuerza, pero quizá, ese hombre no tiene la misma voluntad y disciplina que yo. Tampoco soy igual a mí mismo si me comparo al hombre que vi en el espejo hace unos minutos atrás. Mis células se regeneran y mi cuerpo evoluciona, aunque la esencia de mi persona permanezca intacta. Hay inquietudes que, por ejemplo, comparto con mi esposa porque me cuesta entenderlas o encontrarles solución. Sin embargo, ella enseguida las entiende. Nadie debe ser menospreciado por ser diferente o por no poder completar una tarea que esté más allá de su alcance. Somos diferentes.

Thomas Jefferson escribió *La declaración de independencia* de los Estados Unidos. Este documento es, para muchos, como si Dios mismo hubiese plasmado su pensar en un pergamino: una de las grandes maravillas literarias y políticas. Jefferson, como embajador de los derechos humanos, adoptó el sentir de los patriotas ante la crueldad del tirano inglés: *Sostenemos como evidentes estas verdades: que todos los hombres son creados iguales; que son dotados por su Creador de ciertos derechos inalienables; que entre éstos están la vida, la libertad y la búsqueda de la felicidad.*[16] Lo interpreto de la siguiente manera. Tanto el negro, el blanco, el amarillo como el hombre y la mujer, el rico y el pobre, el fuerte y el débil tienen los mismos derechos divinos y legales *inalienables* de vivir libremente, con tal de aspirar a la superación personal y la felicidad. Si un hombre es diligente y se esfuerza en lograr una carrera o emprender un negocio sin violar la ley, dicho hombre tiene derecho a prosperar y la ley debe protegerlo. Si otro hombre no quiere trabajar, vive del cuento, y se consume en los vicios, por sus malas decisiones, no puede aspirar a tener los mismos resultados que el hombre anterior. Tampoco debe exigir que el Estado lo mantenga porque éste se sustenta con los impuestos que paga el hombre que trabaja honradamente. Como expresó Martin Luther King Jr. en su discurso conmovedor *Yo tengo un sueño*, que él soñaba que sus hijos *algún día viviesen en una nación donde no fuesen juzgados por el color de su piel, sino por el contenido de su carácter.*[17] El contenido de tu carácter –tu manera de hablar y de conducirte en la vida regidos por la sabiduría, la educación y la integridad– es lo que cuenta a la hora de estimar el valor de tu nombre.

No hay nada más cierto que la desigualdad de los hombres. Pensar lo contrario es caer en la trampa de líderes malévolos que han engañado a medio mundo con sus ideas. Agustín Laje escribe en *El libro negro de la nueva izquierda*: «El comienzo de los años 90 fue clave para la reconversión y reinvención de una ideología que no podía exhibir la 'Hoz y el Martillo', ni ofrecer expropiación de latifundios, ni reformas agrarias, ni divagar con la plusvalía, ni tampoco seducir con la trillada luchas de clases. Fue entonces cuando una serie de movimientos extraños y aparentemente inconexos empezaron a brotar en distintas partes del mundo maquillados de inclusión e igualdad entre los hombres: indigenistas, ideología de género, ambientalismo, derecho-humanismo y garanto-abolicionismo».[18]

Interesado por este tema controversial, el periodista Tucker Carlson entrevista al candidato a la presidencia de Argentina, Javier Milei. Parafraseo las palabras del también economista libertario Milei. El pensamiento igualitario *donde hay una necesidad, nace un derecho* luce atractivo, pero es terrorífico en términos de funcionamiento socio-económico. Las necesidades son infinitas, los recursos finitos, y los derechos tienen que ser costeados por alguien. Los socialistas-comunistas esconden su verdadera agenda detrás de la «justicia social». No obstante, esta justicia social es injusta, porque implica un trato desigual frente a la ley, precedido por un robo. *El pueblo que abraza las ideas socialistas genera más problemas de los que naturalmente existen, porque violenta la ley, destruye los recursos naturales, perjudica las libertades y el derecho a la propiedad privada.*[19] El socialismo-comunismo es un sistema fallido. No funcionó en Rusia –caída del bloque soviético– ni en ningún otro país (China, Vietnam, Cuba, Venezuela, Brasil, Argentina, Ecuador). Sus eslóganes son como un virus que se come la mente del hombre: «Yo soy igual a ti y me merezco lo mismo que tú… si tú tienes una casa, ¿por qué yo no?… el gobierno tiene que darme las medicinas gratis y pagarme los estudios, equipos médicos y hospitalizaciones… el estado es responsable por el alimento, la ropa y el techo de mis hijos». Estos son pecados capitales –envidia y pereza– disfrazados (a veces) de buenas intenciones, pero que son la base del colapso moral, económico y estatal en todos los continentes que se aplican.

3. La mentira basada en emociones

Fui corriendo al hospital. Entre luces rojas y verdes pensaba: «No puede ser… esto tiene que ser una pesadilla» y me pellizcaba para verificar si era real lo que estaba sucediendo. No sé cuántas cosas pasaron por mi mente en el transcurso de quince o veinte minutos. Llegué a la sala de emergencias del pediátrico. Allí estaban Brianna (mi hija de siete años) y su mamá, de la cual me había separado hacía un par de años. Brianna llevaba unos días sintiéndose mal: dolor de cabeza y estómago, mareos y urgencia urinaria. La mamá la llevó a su pediatra para su chequeo anual. Siempre fue una niña sana. Enseguida que le hicieron las pruebas, el pediatra, atónito y afligido nos dijo que la glucosa de Brianna estaba sobre los 400 mg/dL y en la orina se detectaban niveles altos de cetonas; diagnóstico que confirmó la endocrinóloga en la sala del hospital: «Su niña tiene diabetes».

La diabetes mellitus tipo 1 (DM-1) es también conocida como diabetes juvenil, porque casi siempre se diagnostica en la niñez o en la juventud. Hasta la fecha no tiene cura. Pero, ¿qué puede entender una inocente de DM-1? De ese momento en adelante ella tenía que (1) pincharse los dedos varias veces al día, (2) inyectarse insulina en su barriga, brazos o muslos, (3) ajustarse a una dieta rigurosa –contar los carbohidratos y las calorías; abstenerse de delicias como los helados, pizzas, hamburguesas, galletas y tortas–, (4) estar pendiente de los signos y síntomas de *hiperglicemia* –sed y sequedad de boca, necesidad de orinar con frecuencia, cansancio, jaquecas, pérdida de peso involuntaria, infecciones recurrentes– e *hipoglicemia* –sudoración, temblor, palpitaciones, nerviosismo, irritabilidad, hambre, confusión–, y (5) adaptarse a un régimen de ejercicio. Aun siguiendo estas reglas disciplinadamente, la persona diagnosticada con DM-1 está propensa a vivir de ocho a diez años menos que la norma, por las posibles complicaciones renales, cardiovasculares e infecciosas.

Brianna estuvo unos días ingresada y le dieron de alta con todo lo que necesitaba: tirillas, lancetas, jeringuillas, insulina, panfletos educativos y demás. La atención fue excelente. Desde los doctores a las enfermeras y el servicio asistencial. Admiro a las personas que pueden trabajar con niños; hay que tener un corazón bien grande para hacerlo.

Ya Brianna es una mujercita. Durante un tiempo viví intercalando sentimientos de negación, tristeza, impotencia y culpabilidad. Traté de negociar con Dios. Le pedí ser yo el diabético con tal de que *Briannita* no lo fuera. En mi desesperación fui a ver un pastor para que orara por su salud. Nada pasó. Me mantuve declarando la Palabra: «Ciertamente tú llevaste sus enfermedades sobre tu cuerpo, sufriste sus dolores… por tu llaga ella fue curada… tú eres el que sanó todas sus dolencias y rescató del hoyo su vida… la diabetes no es mayor que tu nombre Todopoderoso».[20] Todo siguió (sigue) igual.

En ningún momento culpé a Dios. Sólo que yo no soy de piedra. Me costó lágrimas de sangre aprender a vivir con este dolor y, cuando se trata de una hija tan noble, *el corazón tiene sus razones de las cuales la razón no sabe nada.*[21]

Hasta que un día entendí.

Los milagros no son garantizados y Dios no sana a todo el mundo. Esa es la verdad. Hay una Voluntad que es superior a mi voluntad, y esa Voluntad es perfecta, aunque yo no la entienda. Es una ilusión creer lo contrario, no importa la bondad de Brianna, el buen deseo de quienes la quieren y la inteligencia de los doctores. Si la alternativa era que Brianna no existiera, opto por experimentar la pena de su enfermedad y la alegría de tenerla y quererla. Opto por su vida, por todo lo que ella representa para mí.

El amor que Dios le tiene a Brianna no significa que ella está exenta del mal, más bien, ese amor la sostiene en medio de él. Todos tenemos una cruz que cargar y esa fue la cruz que le tocó a mi hija. ¿Tendré fe en que Dios la puede sanar? Claro que sí. Nada es imposible para Él. Pero también sé –por duro que me cueste admitirlo– que *en el mundo tenemos aflicciones... todo acontece de la misma manera a todos: un mismo suceso ocurre al justo y al impío; como al bueno, así al que peca; al que jura, como al que teme el juramento.* Nada podemos hacer para cambiar lo establecido. *Aquello que ha de ser fue ya, y Dios restaura lo que pasó.*[22]

Quizá Dios necesita contar con Brianna para sanar a otros; que la gente vea cómo ella le sirve, y cómo lo alaba con su linda voz y su intachable conducta, a pesar de su diabetes. Quizá la gente necesita escuchar de sus labios: *Jesucristo te ama... Él dio su vida por ti... Él es bueno, aunque la vida tenga cosas malas.*

Las circunstancias son las mismas. Brianna es el Milagro.

Las malas relaciones

Somos seres sociales. Aunque no seamos extrovertidos o sociables, estamos diseñados para relacionarnos con los demás. *Nin-*

gún hombre es una isla, como refiere la frase. Una de las estrategias que se utilizan para castigar a los prisioneros de guerra es el confinamiento absoluto. Cualquier hombre sometido a un cuarto estrecho, sin luz solar, y ningún tipo de comunicación con el exterior por un tiempo indefinido, puede testificar que es preferible morir. En una semana de rutina tenemos contacto personal con muchas personas, desde nuestra familia y compañeros de trabajo hasta las que vemos en la calle. Podemos añadir el contacto indirecto con gente desconocida de la televisión, radio, redes sociales o podcasts.

Si fuera a establecer orden de prioridades, las relaciones de pareja, padres-hijos, y hermanos son superiores a todas. Como conté brevemente, yo me divorcié de la madre de Brianna. Fue una experiencia amarga y aleccionadora para ambos. Rehice mi vida, me volví a casar y tuve dos hijos (Mila y Liam). Mi exesposa hizo lo mismo. Ella y yo mantenemos una relación respetuosa, teniendo en cuenta que hay una hija de por medio que es nuestra responsabilidad. Del hogar y la crianza hablaré detalladamente en el capítulo cinco (El Sistema).

Hermanos

Algo que me cuesta entender es cuando los hermanos se pelean entre sí. Mi madre murió de 48 años por complicaciones de una cirugía. Estaba joven y sana. La noche que ella murió, mi hermano y yo nos juramos que, sin importar lo que pasara, lo único que podía separarnos era la muerte. Siempre nos habíamos llevado bien. Cuando éramos muchachos –él es siete años mayor que yo– y discutíamos por bobadas o porque competíamos en un juego, buscábamos la manera de arreglar las cosas entre nosotros, de lo contrario, nuestros padres se encargaban de ello. Hasta la fecha somos mejores amigos. Mi *big brother* es una columna fuerte y una razón para sonreír en las malas. Una relación así es sagrada; hago lo que tenga que hacer con tal de que permanezca inquebrantable.

Uno de los pasajes bíblicos predilectos de mi madre era *mirad cuán bueno y cuán delicioso es habitar los hermanos juntos en armonía… porque allí envía el Señor bendición y vida eterna* (Salmo 133). Me parece estarla escuchando: «Llévense bien. Los desacuerdos que tengan que señalarse, arréglenlos en privado; si están enojados por algo, no esperen a que se ponga el sol para reconciliarse. No le permitan a nadie hablar mal de ustedes. Esa actitud los mantendrá unidos y evitará que otras personas crucen la línea del respeto». Santas palabras.

Padres-Hijos
Cuando era jovencito leí un escrito de José Martí titulado *Hombre del campo*. Aquí va un fragmento:

Aunque tú seas un criminal, cuando tienes un hijo te haces bueno. Por él te arrepientes; por él sientes haber sido malo; por él te prometes a ti mismo seguir siendo hombre honrado: ¿no te acuerdas de lo que sucedió a tu alma cuando tuviste el primer hijo? Estabas muy contento, entrabas y salías precipitadamente; temblabas por la vida de tu mujer; hablabas poco, porque no te han enseñado a hablar mucho y es necesario que aprendas; pero, te morías de alegría y de angustia. Y cuando lo viste salir vivo del seno de su madre, sentiste que se te llenaban de lágrimas los ojos, abrazaste a tu mujer, y te creíste por algunos instantes claro como un sol y fuerte como un muro. Un hijo es el mejor premio que un hombre puede recibir sobre la tierra.[23]

La poesía de Martí evocó su humanidad en mí. Cuando nació mi primera hija me pregunté: ¿cómo era que alguien tan pequeño fuera a la vez tan grande? Me nació un amor nuevo:

puro, incondicional, inmutable. Ya yo no era la única persona que dependía de mí ni la más importante en mi vida; quise más a mis padres y no sabía cómo igualar la educación que ellos me dieron. Mis hijos me convirtieron en un hombre. Hoy tienen dieciséis, nueve y siete años. Necesito tenerlos cerca, sentirlos, vivirlos. ¡Líbreme Dios de darles razones para no quererme!

Ama a tu prójimo como a ti mismo

El prójimo puede ser una persona de tu círculo íntimo o cualquier otra con la que te relacionas. Pero, ¿qué quiere decir ama a tu prójimo como a ti mismo? Amar no significa besar y abrazar ni tener al prójimo metido en tu casa. Amar es no hacer daño, tratar a las personas –incluyendo a tus enemigos– como tú quisieras que te trataran a ti. Esa es una definición simple, que se torna complicado ejecutar cuando esas personas te pegan en la mejilla y tu primer instinto es devolver la bofetada. *Dar la otra mejilla* es inhibirte de responder de la misma manera, no dejar que te golpeen cuando ya sabes las intenciones de otros. Hay personas de las que tienes que cuidarte, aunque lleven tu sangre. Es una pena tener que distanciarte de seres queridos, mas hay ocasiones en las que ese distanciamiento es la única solución para mantener la paz. No estás obligado a relacionarte con quien te perjudique, se alegre de tu desgracia, o quiera inmiscuirte en sus problemas por su «mala cabeza». En el libro *Cómo hacer que te pasen cosas buenas*, la psiquiatra Marian Rojas Estapé describe a los tóxicos como personas cuya mera presencia o compañía nos altera el estado de ánimo; te sientes mal cuando estás con ellas, te incomodan y sacan lo peor de ti.[24] Los tóxicos son conformes al tipo de personalidad D: inestables, pesimistas, envidiosos, hipocondriacos, neuróticos, conflictivos. Identifícalos, aléjate de ellos y procura no darles información sobre tu vida ni pedirles favores.

El rencor

No es saludable guardarle rencor a nadie. No se trata de que se lo merezcan o no. Se trata de ti. No tenemos la capacidad de olvidar un mal que nos hagan, pero al perdonar no le damos cabida al resentimiento y al odio, emociones incisivas que nos enferman de los nervios. Conozco a un hombre que es digno de admirar. Fue abandonado por sus padres cuando nació. Se crio en casa de unos tíos que profesaban ser *Testigos de Jehová*, y no querían que él fuera a la escuela. Conoció a su madre cuando tenía alrededor de ocho años. Su padre tuvo varios hijos regados y nunca se ocupó de él. No obstante a esa infancia terrible, él estudió Medicina, se hizo doctor en Cuba, emigró a los Estados Unidos y revalidó su título. Desde aquí, se ocupó de enviarles a sus padres y medios hermanos dinero, ropa y comida a Cuba. Les construyó una casa para que tuvieran donde dormir. Él siguió manteniendo a su madre hasta que el día de su muerte. El padre anciano, hace unos años vive cerca de su casa en Miami, Florida, y no carece de ninguna atención. Este colega nunca asistió a una iglesia, ni celebró semana santa o se bautizó. Sin embargo, entendió que él era un representante de Dios en la tierra y obedeció sus mandamientos: Honra a tus padres, respeta a tu esposa, no le desees ni le hagas mal a nadie, y ayuda al necesitado. Mi amigo puede acostarse tranquilo, pues hizo por sus padres lo que ellos no hicieron por él, lo que no se merecían. Y para hacerlo, los tuvo que perdonar.

Otras causas de enfermedades mentales

Hay otras causas de enfermedades mentales como las adicciones (drogas, alcohol, cigarro, juego, sexo), el uso excesivo de la tecnología, y problemas económicos. Quise concentrarme en temas de igual o mayor relevancia que, basado en mi experiencia personal y clínica, te expuse de buena voluntad. A continuación, leamos cómo funcionar a pesar de las heridas del pasado y los desafíos del presente.

TRATAMIENTO PARA LAS ENFERMEDADES MENTALES

La melancolía es ambas cosas a la vez, el abismo espiritual y las anclas que mantienen allí a los hombres. El doctor Van der Kolk, comenta que nadie puede tratar un abuso, una violación, o cualquier otro acontecimiento horrendo; lo que ha sucedido no se puede deshacer. Pero lo que sí se puede afrontar son las huellas del trauma en el cuerpo, la mente y el alma: las sensaciones aplastantes en el pecho que etiquetas como ansiedad o depresión; el miedo a perder el control; estar siempre alerta ante el peligro o el rechazo; el odio a ti mismo; las pesadillas y *flashbacks*; la niebla que sigue siendo incapaz de abrir completamente tu corazón a otro ser humano. Existen fundamentalmente tres vías de tratamiento. La mayoría de la gente necesita una combinación. Sanar implica (1) encontrar una manera de calmarse y concentrarse, (2) aprender a mantener esa calma en respuesta a imágenes, pensamientos, sonidos o sensaciones físicas que te recuerdan el pasado, (3) encontrar una manera de vivir en el presente y comprometerte con las personas que te rodean, (4) no tener que guardar secretos, incluidos secretos sobre las formas en que has logrado sobrevivir. Estos objetivos no son pasos que deban lograrse uno por uno, en una secuencia fija. Se superponen y algunos pueden ser más difíciles que otros.[25]

El cerebro se desarrolla de abajo hacia arriba. Primero se forma la parte primitiva, compuesta por el tronco encefálico y el hipotálamo, justo donde la espina dorsal entra al cráneo. Estas estructuras son responsables de nuestra supervivencia, desde el control autonómico del corazón, pulmones, hormonas y defensas del cuerpo hasta la estimulación a llorar ante el hambre, sueño, y cambios de temperaturas cuando recién nacidos. Después se forma el sistema límbico. En él están nuestras emociones y memorias. También es conocido como el puesto de mando central, porque es el árbitro que toma las decisiones. Por último, se forma la neocorteza cerebral (lóbulo frontal), encargada de la razón, el intelecto, la voluntad y la empatía.[26]

1. Tratamiento de arriba hacia abajo

La regulación de arriba hacia abajo implica el fortalecimiento de la corteza prefrontal (la voz interior) y la reparación de nuestro sistema de alarma defectuoso (zona límbica). Para acceder conscientemente a estas áreas del cerebro, precisamos hablar, reconectar con los demás y comprender lo que nos sucede, mientras procesamos las malas experiencias. Tenemos que mirar hacia adentro, porque no tendremos alivio hasta que seamos capaces de reconocer a los demonios invisibles. Hay que ponerles nombre y apellido: «me pasó tal cosa y ahora, por eso que me pasó, siento esto… y no he podido superarlo». *Expresa tu tristeza con palabras; el dolor que no habla teje el corazón forjado y lo hace romper.*[27]

Psicoterapia

Establece una relación terapéutica con tu doctor. La psicoterapia no es exclusivamente para los esquizofrénicos. Si tú estás leyendo este libro, lo más probable es que no tengas la «mente rota». La premisa del psicoanálisis es la conversación honesta y confidencial entre el terapeuta mental y el paciente. Hay un poder curativo cuando hablas de aquello que te hiere a fondo y tu doctor te escucha. Soltar lo que tienes dentro es como dar los primeros pasos que te conducen a salir del hueco. Es un acto de valentía, sobre todo cuando el daño es causado por personas que deben amarnos y protegernos. Stephen Cope lo compara a un viaje nocturno por mar, en donde vemos *las partes que están escindidas, repudiadas, desconocidas, no deseadas, y expulsadas a los diversos mundos subterráneos de nuestra conciencia... El objetivo de este viaje es reunirnos con nosotros mismos. Un regreso a casa así puede ser sorprendentemente doloroso, incluso brutal. Para emprenderlo, debemos aceptar no exiliar nada.*[28] Soy fiel testigo del proceso de curación y despertar de personas que han emprendido con valentía este camino hacia su yo más profundo. Permanecer disociados de quienes somos –lo que inevitablemente resulta en depresión y falta de conexión con los demás– es lo que nos causa el mayor sufrimiento e impide nuestra recuperación.

Afirmaciones

El psicólogo Jordan Peterson argumenta que para formular tu identidad tienes que preguntarte quién eres. Puedes decir que tú eres la persona que vive en este instante. Si expandes tu pensamiento, puedes agregar que tú eres también lo que podrías llegar a ser. Existe la posibilidad de que hoy seas un miserable y estés desajustado psicológica y socialmente; no estás contento y deseas cambiar la imagen que ves en el espejo. Entonces, proponte llamar las cosas que no son, como si fuesen, para que sean.[29] Abre tu boca y declara despacio:

Gracias Señor por regalarme la vida. Estoy agradecido.
Agradezco que puedo respirar.
Agradezco que puedo usar todos mis sentidos.
Gracias porque puedo pensar, razonar, hablar.
Soy un bendecido, soy un triunfador, soy un hijo de Dios.
Me llevo bien conmigo mismo.
Amo a Dios con todo mi corazón, con toda mi alma y con todas mis fuerzas.
Gracias por mi esposa, mis hijos, mi familia.
Gracias porque tenemos sustento y abrigo.
Perdono a quien me hizo mal.
Perdono a mis enemigos.
Trato a las personas como yo quiero que me traten a mí.
Pienso en lo justo, lo amable, lo verdadero, lo correcto.
Medito en la excelencia, en ser mejor cada día.
Le presto atención a lo que veo, lo que escucho y lo que digo.

Examino la senda de mis pies. Doy pasos firmes.
Estoy sano. Mi mente está sana.
Tengo paz: la paz que sobrepasa todo entendimiento.
Tengo gozo, bienestar. Tengo una vida plena.
Tengo dominio propio. Tengo control sobre mis emociones. Soy
ecuánime.
Tengo sabiduría. Tomo buenas decisiones.
Estoy completo, no me falta nada.
Me comprometo en hacer el bien.
Me comprometo en cumplir con mi deber.

Si crees justo lo que te digo, pronuncia este tipo de afirmaciones varias veces a la semana. Preferiblemente hazlo antes de dormir o apenas te levantes en la mañana. La voz interior es susceptible en esos horarios: si ves una película de terror en la noche, tienes pesadillas; si escuchas una suave melodía al despertar, te pasas el santo día tarareando la canción. Es un truco que funciona para activar el subconsciente. Cuando declares, haz énfasis al final de cada oración con una leve pausa, respira profundo, habla en presente y evita usar frases con evocaciones negativas. Por ejemplo, en vez de decir «no estaré triste, deprimido, sin dinero», di «estoy contento, tengo todo lo que necesito».

Insisto en que hablar contigo (afirmaciones), con Dios y/o con un profesional de la salud mental no tiene sustituto. Si eres introvertido, puedes acceder a tu mundo interno de sentimientos a través del arte. Escribe libremente. Utiliza un diario y plasma en él todo lo que sientes. Léelo y reléelo. Quizá eso te ayude a soltar la flema, a romper el cascarón. Mi hija Mila no hablaba ni treinta palabras cuando tenía tres años. Mi esposa y yo le dimos tutoría y la llevamos a un especialista del habla. Un día nos dimos cuenta que le gustaba pintar. Compramos acuarelas, lienzos, lápices de colores y cuadernos. Nuestra casa se convirtió en una exhibición de todas las pinturas de Mila. Pintar fue su manera de expresarse cuando no podía hablar.

2. Tratamiento de abajo hacia arriba

Las modalidades ascendentes consisten en permitir que el cuerpo tenga experiencias que contradigan visceralmente la impotencia, la irritación o el colapso que resultan del pasado. La regulación *de abajo hacia arriba* implica recalibrar el sistema nervioso autónomo mediante la respiración, el movimiento, la integración sensorial y el contacto consciente.

Las neuronas eferentes envían impulsos motores desde el sistema nervioso central (SNC) hacia los tejidos periféricos, indicándoles acción. Las neuronas aferentes conducen impulsos sensitivos y ascendentes desde el sistema nervioso periférico (SNP) hacia el SNC. El sistema nervioso autónomo (SNA) está dividido en simpático y parasimpático. La rama simpática actúa como un acelerador, la parasimpática como un freno. El nervio vago —uno de los nervios craneales— tiene ramificaciones que pasan por la garganta, laringe, tráquea, esófago, corazón, estómago e intestino. El nervio vago de vago no tiene nada. Cuando alguien activa este nervio (enojo, susto, estrés crónico) puede sentir mareos, náusea, sequedad en la boca, sudoración, aturdimiento, el corazón driblear rápido sobre el abdomen, tensión muscular, sensación de desmayo. Alrededor del ochenta por ciento de las fibras del nervio vago son aferentes; es decir, van del cuerpo al cerebro. Podemos entrenar directamente nuestro sistema de excitación mediante las modalidades siguientes.[30]

Yoga – Respiración consciente

El yoga te enseña a respirar tranquilamente y permanecer en un estado de relativa relajación física. Notas los efectos del freno parasimpático al liberarse la acetilcolina: disminución del ritmo cardíaco, piel fresca, relajación de los músculos y normalización de la respiración. Similar a cuando un pequeñito se siente seguro en casa porque no le faltan comida, techo y abrigo. Cuanto más te concentres en tu respiración, más te beneficias, especialmente si prestas atención hasta el final de la exhalación y esperas un momento antes de volver a inhalar. El oxígeno que entra a tus pulmones te da energía, despeja tu mente, y te hace sentir vivo y pleno. Hay estudios que sugieren que practicar yoga regularmente por tres meses es más efectivo que medicinas antidepresivas y ansiolíticas. Conozco casos de pacientes que estuvieron al borde del desquicio hasta que descubrieron el yoga. Los ejercicios de respiración te ayudan a apagar el *switch*, ése que a veces dejas encendido y te causa tantos problemas. Además, mientras respiras y reflexionas, puedes percibir tus reacciones automáticas y habituales. Cuando eres consciente de estas sensaciones corporales, reconoces tus emociones y, con ello, aumentas tu control sobre ellas. Haz la prueba. Considera inscribirte en clases de yoga.

Respira profundo, sostén el aire, exhala. Repite. Piensa en un lugar de paz.

Movimiento natural y juegos

Un gran porcentaje de mis pacientes son adultos mayores y retirados. Los que mejor están viven con sus parejas y se mantienen activos. Hay otro grupo que vive solo y tiene poca ayuda familiar. No importa el estatus social ni las enfermedades que padezcan –con algunas excepciones– a todos les recomiendo que asistan al Club de Bienestar. Este Club está diseñado para que los pacientes hagan actividades tres o cuatro veces por semana, costeadas por el dueño de la clínica. Allí bailan, cantan karaoke, y juegan dominó, billar y lotería. Hay terapeutas especializados que dirigen ejercicios aeróbicos y Tai chi. La clínica les provee transporte, almuerzo y merienda. Los más jóvenes tienen acceso a gimnasios sin costo alguno.

Una de las preguntas que les hago a mis pacientes cuando presentan síntomas de depresión o ansiedad (insomnio, nerviosismo, decaimiento, desánimo, tristeza, falta de apetito, preocupación excesiva) es: ¿estás yendo al Club? Si la respuesta es no, en lo que decido el plan de tratamiento, me cercioro de que les programen las citas para el Club. Como modo de terapia adjunta, puedo constatar que el efecto del movimiento natural del cuerpo, el ejercicio y los juegos es curador. Es raro no ver alguna mejoría cuando reevalúo a estos pacientes en seis a ocho semanas.

Yo necesito agarrar un bate…

Sí, necesito agarrar un bate, un guante y un casco, meterlos en un bolso e irme a jugar *softball* todos los domingos. Cuando estoy metido en el juego, no pienso en el trabajo, la mujer, los hijos, en las cuentas ni en ninguna otra cosa. Sólo pienso en darle duro a la pelota, deslizarme hacia las bases, hacer buenas atrapadas en los jardines, y jugar para que mi equipo gane. Tú también necesitas practicar deportes, caminar, correr, montar bicicletas, nadar, levantar pesas, ¡qué sé yo!; hacer algo que disfrutes, que te dé una sensación de conexión contigo mismo y con la naturaleza.

Contacto – Relaciones

Cuando tenía unos seis o siete años me daba miedo irme a dormir con la luz apagada. Mi abuela o mi madre me leían *El que está al abrigo del Altísimo, morará bajo la sombra del Omnipotente… con sus plumas te cubrirá, y debajo de sus alas estarás seguro…a sus ángeles mandará acerca de ti, que te guarden en todos tus caminos* u otro salmo parecido. El encanto de sus voces, las palabras y el deslice de sus manos entre mis cabellos eran un remedio santo. En la actualidad, hay días que se juntan todos los estreses y llego a casa echando humos. Mi esposa –Dios bendijo su alma– es como un té de tilo, un baño de agua fresca. Con ella puedo desahogarme y expresar mi frustración. Yo sé que ella me escuchará y ayudará a apaciguar mi alteración. Tener un buen sistema de apoyo constituye la protección más poderosa contra las enfermedades del alma. Cuando estamos aterrorizados, deprimidos, o con los nervios en punta, nada nos calma más que una voz tranquilizadora o el abrazo firme de alguien en quien confiamos.

La seguridad y el terror son incompatibles. Debe haber alguien más grande, más fuerte, más sabio o más paciente que tú en quien puedas confiar. Saber que ese alguien está a tu lado contra viento y marea, te da tranquilidad y te levanta de los malos momentos. No estoy hablando de Dios o un ser espiritual. No esta vez. Conozco y creo en el poder de una buena relación con Dios. Su palabra dice: *Venid a mí los que están cansados y cargados, y yo los haré descansar.* Y eso es cierto. Pero ahora estoy hablando de un ser de carne y hueso. Idealmente, tu pareja, un padre, un hijo o un hermano. Alguien que te brinde la seguridad para no sentirte avergonzado o amonestado, y reúnas el coraje para tolerar, afrontar y procesar la realidad del pasado-presente; alguien que te dé palabras de aliento, un ancla en donde puedes apoyarte.

3. Medicinas

Algunos fármacos como los inhibidores selectivos de la recaptación de serotonina (ISRS) resultan eficaces para el tratamiento de depresión y ansiedad. La serotonina es una sustancia química que transmite señales entre las células nerviosas del cerebro. Al aumentar los niveles de neurotransmisión de serotonina, puede mejorar el estado de ánimo, las emociones y el dormir: tres aspectos indispensables para funcionar bien. Tomar estos medicamentos u otros similares, ayuda a eliminar reacciones de alarma exageradas a corto y a largo plazo. No obstante, tienen serios inconvenientes. Los pacientes que toman medicinas como el Lexapro, Cymbalta, Zoloft o Paxil, pueden experimentar efectos secundarios (dolor de cabeza, náuseas, mareos, agitación, aumento de peso, disminución de la libido, dificultad para alcanzar el orgasmo o incapacidad para mantener una erección) y serias reacciones adversas (arritmias, rigidez muscular, vómitos, confusión, convulsiones).[31] Por lo demás, pueden hacerse dependientes a estas drogas recetadas, y renunciar a las vías alternas naturales. Las pastillas no enseñan a modificar los patrones de conducta negativos ni a vivir con el dolor emocional; pueden desviar la atención de los problemas subyacentes, pero no los solucionan, y no le dan significado a la vida.

Hay otros tratamientos para los trastornos de la mente. Generalmente, la terapia de conducta cognitiva, la neurorretroalimentación y la desensibilización y reprocesamiento por movimientos oculares se manejan por los especialistas. La combinación de modalidades descendientes (hablar, escribir, pintar) y ascendientes (yoga, movimiento natural, juego, contacto-relaciones) y las medicinas son la primera línea de terapia.

Tu voluntad

Según Nietzsche, *el sufrimiento, ya sea psíquico, físico o intelectual, no tiene por qué engendrar nihilismo. El sufrimiento siempre permite diferentes interpretaciones.* Mi abuela quedó huérfana de madre en su niñez y crio a sus hermanos en la extrema pobreza de La Gran Depresión. Su padre intentó violarla; nunca se supo si fue un intento o una violación, pero la intención fue suficiente para destruir a cualquier jovencita. Pasó el tiempo y ella conoció a mi abuelo, un hombre humilde y honrado. Se casaron y tuvieron su primera hija. La niña murió de forma repentina a los dos años de edad. Todo pareció indicar que fue por una epilepsia desconocida y no tratada. Después tuvieron cuatro hijos más. Ella, siendo aún joven, perdió su dentadura, fue diagnosticada con hipotiroidismo, cardiopatía y una dolorosa linfangitis crónica. Sin embargo, decidió criar y educar a sus hijos, ser una mujer fiel y dedicada al hogar. Cuando su esposo murió, se fue a vivir con mis padres. La recuerdo siempre sonriendo, leyendo la Biblia, cantando himnos, o aderezando platos deliciosos.

Mi abuela murió del corazón; era tan grande que no le cabía en su pecho.

La inteligencia y la crianza influyen, el trauma y las enfermedades dejan marcas, pero ninguno de esos factores es determinante para el éxito. Tu voluntad sí. Tu voluntad puede resumirse en una palabra: madurez –tu voz interior fortalecida y educada. Nikos Kazantzakis dijo que *el hombre hace lo que le da la gana, toma el camino que le da la gana. La puerta del infierno y la del paraíso están juntas, y él entra donde le da la gana... El diablo puede entrar sólo en el infierno, el ángel entra sólo en el paraíso; el hombre, ¡en el lugar que le da la gana!* Que eso que te dé la gana hacer sea algo digno de tu nombre. Puedes: (1) imaginar un mejor tú, creerlo, afirmarlo, vivirlo; (2) sacar tiempo para alimentar tu espíritu; (3) ser agradecido, contar tus bendiciones; (4) corregir lo que está mal: el desorden en tu casa, las sobreabundantes porciones de comida, el sedentarismo, las mentiras antes de hablarlas; (5) reconciliarte con tu hermano; (6) perdonar al que te hizo daño; (7) sanar tu mente; (8) entregarte al estudio, la superación personal y el trabajo.

Puedes decir: «Ayer fue el último día que... A partir de hoy... Y puedo a hacer todo eso con la ayuda de personas que me quieren y... ¡porque me sale de mis entrañas!».

IV
EL MAL

Maldigo el día en que no hice alguna maldad de importancia como matar a un hombre, o planear cómo hacerlo; acusar a un inocente, y jurar en vano; cultivar una enemistad mortal entre dos amigos; incendiar graneros y hacinas en la noche, y llevar a los dueños a apagar el fuego con su llanto... Aunque he hecho mil cosas espantosas con tanto gusto como quien mata una mosca, nada sin embargo me aflige como no poder hacer diez mil más. Shakespeare – Aarón el moro.

El mal es un tema que me llama la atención. Hacerse preguntas como: ¿qué quiere decir ser malo?; ¿por qué hay genta mala?; ¿cuáles son las causas *de la maldad?; si yo soy una «buena persona», ¿cómo hago para identificar a los malvados y defenderme de ellos?*, nos hace conscientes de los eternos opuestos entre el bien y el mal, tan válidos como diferenciar el negro del blanco, lo alto de lo profundo, la verdad de la mentira.

Estuve debatiendo sobre cómo estructurar este capítulo. Inicialmente pensé en hablar de barbaries que sucedieron hace mucho tiempo: la inquisición, la segunda guerra mundial, la violación de Nankín, el sistema de represión de los gulags, entre otras. Pero mientras escribía sucedieron algunas atrocidades que no están tan lejos de nosotros como las de siglos pasados. De ellas te quiero hablar primero. En el intento de explicar un mal tan absoluto, quizá el orden con el que pretendo escribir quede algo caótico. Los acontecimientos recientes son tan imposibles de comprender que pueden aturdir a una persona normal. Advertido por Nietzsche, tuve extremo *cuidado antes de asomarme al abismo, pues sabía que cuando lo mirara, él me iba a mirar de vuelta.*

Qué equivocado estamos si pensamos que la historia no se repite, que jamás existirán dictadores como Hitler, Stalin o Mao; que quemar a indios vivos era sólo característico de los conquistadores de América; que degollar a periodistas o a personas por sus creencias religiosas era exclusivo de los radicales islámicos e intransigentes sacerdotes católicos; que los abusos y sacrificios de inocentes sólo se veían en aldeas remotas no civilizadas. Lamentablemente no es así.

El sonido de la libertad

En el verano del 2023 fui al cine a ver la película *El sonido de la libertad.* Tenía una idea de qué se trataba pues había visto una entrevista de Jim Caviezel (actor principal) y Tim Ballard (ex agente del gobierno especializado en capturar a criminales envueltos en el tráfico de niños para la explotación sexual).[1] Quedé sobrecogido por el nivel de malevolencia del ser humano, especialmente porque el filme refleja la realidad global de hoy; maldades inverosímiles, que parecen surgir de un cuento de horror. Los productores se cuidaron de no poner escenas gráficas, aun así, el tema me partió en dos; llegó el punto en el que quise vengarme de todos esos desgraciados y hacer justicia con mis propias manos.

El hombre es el único animal que inflige dolor a otros y se regocija en ello. Sólo el hombre viola a una hija, abusa de un niño, pone en venta y prostituye a su propio hijo, y puede pensar que está haciendo algo bueno, normal. Premeditar y tener el aplomo de hacer cosas tan viles, como si nada estuviera pasando, es propio del hombre. Los otros animales matan por instinto de supervivencia o porque son depredadores, no porque lo maquinen. Los traumas más duros de superar no son ocasionados por la naturaleza ni por accidentes, sino, por el ser humano. Hay momentos registrados en la Biblia en donde Dios se arrepiente de habernos creado; le duele en su corazón y piensa borrarnos de la faz de la Tierra, pues le cuesta entender que sus *hijos-dioses* seamos capaces de hacer tanto mal (*Génesis 6:1-6; 18:16-33*).

Cuando llegué a mi casa esa noche y vi que mis hijos estaban rendidos, cobijados en sus camas, sentí unas ganas inmensas de llorar. Sentí seguridad y temor a la vez: seguridad porque ellos estaban conmigo, protegidos y bien cuidados; temor porque no sabía lo que les deparaba el futuro. Toda persona adulta debe enterarse de que existe una red compuesta por poderosos y enfermos mentales (figuras reconocidas: jueces, gobernantes, doctores, artistas) que manejan la compra y venta, esclavitud sexual, pornografía infantil, y sacrificios satánicos de millones de niños.

El ataque de Hamás a Israel

El ataque sorpresivo de Hamás a Israel el 7 de octubre del 2023, quedará teñido en la historia como una de las barbaries más sangrientas del siglo XXI, quizá paralelo al derrumbe de las torres gemelas el 9-11.[2]

Aunque la historia del estado de Israel es joven, el pueblo de Israel es antiquísimo. El origen de la civilización humana, bíblicamente explicado, comienza miles de años atrás por la época de los hijos de Abraham (Ismael e Isaac), de quienes emergen el pueblo árabe y el judío. Desde el éxodo de Egipto hasta la conquista de Jerusalén por David y la construcción del templo por Salomón, los israelíes o judíos fueron atacados constantemente por otros pueblos: babilonios, romanos, persas, asirios, por mencionar algunos. Perdieron su identidad geográfica, ubicada en el Levante Mediterráneo, y peregrinaron errantes por el mundo.[3]

Si damos un salto y nos trasladamos a los últimos tres siglos, los judíos se refugiaron mayormente en países concentrados en la Europa central: Polonia, Alemania, Hungría, República Checa (*los askenazis*), y Europa occidental: península ibérica (*los sefardíes*). En el año 1948, por mandato de la Organización de Naciones Unidas (ONU), al pueblo judío se le otorgó el territorio que, moralmente e históricamente hablando, les pertenecía. Entonces se estableció el Estado soberano de Israel ante los ojos de la comunidad mundial.[4]

Honor a quien honor merece. Los judíos se caracterizan por ser trabajadores, dedicados y persistentes. Han convertido un pedazo de tierra árido y desértico en la tierra prometida «que fluye leche y miel». Israel es un país próspero, con fuerte economía y poder militar, reconocido por sus contribuciones relevantes a la ciencia, la informática, la electrónica, y otras industrias de alta tecnología. En el aspecto religioso, todos los occidentales –creyentes y no creyentes– deberíamos apreciar el aporte judeo-cristiano a nuestra cultura: el monoteísmo, la ley de Moisés, y la gracia de Jesucristo.

Cuando la ONU presentó la partición de la Palestina en mayo de 1948 –resolución 181 en donde el Reino Unido hacía entrega oficial de los territorios a los judíos y palestinos–, diez países árabes más Grecia, India y Cuba votaron en contra. El pretexto de los árabes fue quejarse de que el área terrenal ofrecida no era equitativa, y que ellos no querían que Jerusalén estuviese controlada por los israelíes y las sedes internacionales.[5] Yo opino –y me baso, más allá de mi creencia, en hechos históricos– que este pretexto es sofista*. Los estados islámicos (palestinos y árabes) nunca han querido ni querrán un libre estado israelí, lo que desean es extinguir a los judíos.

Las hostilidades ancestrales entre estas dos simientes de Abraham, fueron evidentes al día siguiente que se firmó la resolución 181. Apenas veinticuatro horas después los ejércitos sirios, egipcios, iraquíes, libaneses y transjordanos atacaron sin clemencia a la nueva nación judía. Esta violación de la ley y de los derechos humanos –a la cara– se conoce como la guerra árabe-israelí de 1948. Desgraciadamente, este odio milenario no para ahí. Yo soy consciente de que Israel no siempre se ha portado adecuadamente según los Acuerdos de Ginebra y de Oslo, pero, en tantas guerras provocadas por el enemigo, se ha tenido que defender a como ha dado lugar.

Es cierto que la historia tiene un componente subjetivo porque, aun careciendo uno de picardía, la memoria a veces nos traiciona y contamos lo ocurrido omitiendo o exagerando cosas que no fueron de esa manera. Por otra parte, hay medios de comunicación y fuentes propagandísticas corruptos que tergiversan la verdad de los hechos. No obstante, y discúlpame por lo gráfico que voy a ser ahora, no hay nada subjetivo en las imágenes de soldados decapitando a bebés en sus cunas, y violando a mujeres delante de sus familias; ataques aéreos dirigidos a personas en un festival musical, iglesias ortodoxas y a otras regiones no militares. Los guerrilleros armados de Hamás mataron a más de mil cuatrocientas almas entre civiles y soldados, y tomaron alrededor de doscientos rehenes.[6]

*Sofismo: Doctrina religiosa ascética y mística del islamismo, de carácter heterodoxo y panteísta, que se caracteriza por aspirar a la unión mística con Alá a través de un camino en el que hay que seguir sucesivas etapas. Falacia, sofisma o paralogismo (nombre más técnico) es un argumento que parece válido y verdadero, pero que, en realidad, es inválido y oculta un error.

No entiendo cómo es que hay personas defendiendo estos ataques antisemitas: la organización *Black Lives Matter* (*BLM*) publicando una imagen de una persona volando con una bandera de Palestina adherida a su paracaídas; 31 organizaciones universitarias condenando a Israel de terrorista en una carta titulada *Declaración conjunta de los grupos de solidaridad con Palestina de Harvard sobre la situación en Palestina*; y demostraciones similares en Australia y otros países.[7] ¡Por el amor de Dios!, ¿en qué mundo estamos viviendo? Aunque la presión social y las conductas de masas pueden inducir al mal y a la violencia, me parece que estos jóvenes están bien desinformados o son muy malos al adoptar esa postura a favor de Hamás.

Factores contribuyentes a la autodestrucción y al mal

Tal vez conozcas un caso similar al que voy a presentarte de una pareja heterosexual. El hombre y la mujer son alcohólicos, drogadictos y fumadores. Viven en una zona rural, montañosa y fría. Él es mecánico de automóviles y ella trabaja en una cafetería como camarera. Ninguno de los dos es capaz de tener oficios estables a causa de sus adicciones. Él se conoce por su carácter violento y por quedar mal con los clientes; ella hace lo que tenga que hacer con tal de recibir su dosis semanal de heroína. Para empeorar la situación, la joven queda embarazada. Nunca va a las consultas del ginecólogo y no tiene el cuidado prenatal adecuado.

Esa simiente viene con daños de fábrica.

Nace el inocente y la cadena de irresponsabilidad e insensibilidad materna y paterna continúa. La casa rodante en donde viven está sucia, maloliente y desordenada. El niño sufre de negligencia severa porque no se satisfacen sus necesidades básicas de alimentación, ropa, educación y atención pediátrica. Crece el muchacho a duras penas y se convierte en un hombre. Pregunta: ¿podrá salir alguien bueno de este escenario? Respuesta: sí. Sólo que ese joven es mucho más propenso a ser presa de comportamientos hedonistas* o nihilistas* porque tiene que luchar –aparte de la carga ineludible del Ser– con males que no pudo elegir.

Expongo este ejemplo como punto de referencia de algo que puede ocurrirle a cualquier ser humano. Vale aclarar también que hay personas que tienen una buena biología, coeficiente intelectual alto, crianza y formación excelentes, poder adquisitivo y otros factores favorables y, sin embargo, eligen ser malos.

Psicopatía: Manual Diagnóstico y Estadístico de los Trastornos Mentales (DSM-V)

Según *La Revista Americana de Psiquiatría*, los psicópatas son un subconjunto de personas que muestran un comportamiento antisocial persistente, resultado de una combinación de factores genéticos y ambientales que *favorecen* al desconcierto del desarrollo neuronal.[8] Las estadísticas reflejan que alrededor de un treinta por ciento de personas tienen rasgos de psicopatía a nivel

Hedonismo: Doctrina ética que identifica el bien con el placer, especialmente con el placer sensorial e inmediato. Creencia que dicta que el placer, o dicha de otra manera la falta de dolor, es el principio más importante en determinar la moralidad de cualquier acción.

Nihilismo: Corriente filosófica que sostiene la imposibilidad del conocimiento, y niega la existencia y el valor de todas las cosas. Negación de toda creencia o todo principio moral, religioso, político o social. Predominan las ideas de contenido negativo más o menos delirante: la culpa impenitente, el nihilismo, la ruina inminente para toda la familia.

99

mundial. Esto varía dependiendo de las características dominantes de la población estudiada. ¿Estará este patrón vinculado al tercio de ángeles que se reveló en contra del Altísimo en el principio de la creación?

Los psicópatas se clasifican como leves, moderados o severos dependiendo de la magnitud y la constancia de sus acciones. De un tres a un cinco por ciento de psicópatas exhibe rasgos severos, siendo éstos más frecuentes en el sexo masculino. En el Manual Diagnóstico y Estadístico de los Trastornos Mentales (DSM-V) se sustituyeron los términos de psicopatía o sociopatía por desórdenes de personalidad. Los psicólogos incluyeron cuatro desórdenes en este *espectro*: Desorden de Personalidad Antisocial, Límite, Histriónico, y Narcisista. El sello característico de ellos es la falta de empatía, el engaño y la malicia.[9]

Desorden de Personalidad Antisocial (1-5) y Narcisista (6-10): Características severas

1. Incumplimiento de las normas sociales con respecto a conductas legales, como lo indica la realización repetida de actos que son motivo de arresto.
2. Engaño, indicado por mentiras repetidas, uso de alias o estafa a otros para beneficio o placer personal.
3. Irritabilidad y agresividad, indicadas por peleas o agresiones físicas repetidas.
4. Irresponsabilidad constante, indicada por la incapacidad repetida de mantener un comportamiento laboral consistente o de cumplir con las obligaciones financieras.
5. Falta de remordimiento, indicado por ser indiferente o racionalizar haber lastimado, maltratado o robado a otra persona.
6. Tiene un sentido grandioso de importancia personal (exagera sus logros y talentos, espera ser reconocido como superior sin logros proporcionales).

7. Está preocupado por fantasías de éxito ilimitado, poder, brillantez, belleza o amor ideal.
8. Tiene sentido de derecho (expectativa irrazonable de un trato especialmente favorable o cumplimiento automático de sus expectativas).
9. Es interpersonalmente explotador (se aprovecha de los demás para lograr sus propios fines) y siente envidia de los demás.
10. Carece de empatía: no está dispuesto a reconocer o identificarse con los sentimientos y necesidades de otras personas.

Un antisocial o narcisista puede matar a una persona inocente e indefensa, pensar que «se lo merece» y no sentir la más mínima piedad por ella. Los malévolos pueden engañar, manipular, explotar, amenazar, robar o dañar físicamente a otros. Al mismo tiempo, pueden parecer amigables y bien adaptados, mostrar una máscara de amabilidad y sensatez que hace difícil identificarlos. Es un mito pensar que estos *lobos vestidos de ovejas* son invariablemente violentos. La versión femenina de la malevolencia es experta en formas indirectas de agresión: regar rumores, desacreditar, instigar, victimizar, enredar con seducciones sexuales y chantajear. Esta versión no es exclusiva de las mujeres, de hecho, un hombre que es encantador, miente deliberadamente y con astucia, contiene su enojo, teje trampas y explota a los demás sin usar los puños, puede pasar desapercibido (*ver tabla al final de este capítulo*).

Caín y Abel: La marca en la frente

La región de la amígdala –en parte responsable por la socialización y la empatía; envío de mensajes a la corteza prefrontal y al sistema límbico, quienes regulan la memoria emocional y la capacidad de decidir– puede ser más pequeña o estar menos activada en jóvenes con trastornos de conducta. Eso no significa que ellos sean o se conviertan en psicópatas. No existen pruebas de monitorización, laboratorios de sangre o genéticos, ni escáneres de cerebro que detecten la psicopatía. Pese a ello, la literatura precede a la ciencia. Tenemos historias que registran la malevolencia desde el principio de la humanidad. Y como ya sabes, tenemos un testigo más convincente: nuestra propia experiencia.

Los primeros hijos de Adán y Eva fueron Caín y Abel. Caín era agricultor y Abel era pastor de ovejas. Veamos lo que dice la Biblia al respecto: *Génesis 4:3-15 – Nueva Traducción Viviente.*

[3] Al llegar el tiempo de la cosecha, Caín presentó algunos de sus cultivos como ofrenda para el Señor. [4] Abel también presentó una ofrenda: las mejores partes de algunos de los corderos que eran primeras crías de su rebaño. El Señor aceptó a Abel y a su ofrenda, [5] pero no aceptó a Caín ni a su ofrenda. Esto hizo que Caín se enojara mucho, y se veía decaído.

[6] «¿Por qué estás tan enojado? —preguntó el Señor a Caín—. ¿Por qué te ves tan decaído? [7] Serás aceptado si haces lo correcto, pero si te niegas a hacer lo correcto, entonces, ¡ten cuidado! El pecado está a la puerta, al acecho y ansioso por controlarte; pero tú debes dominarlo y ser su amo».

[8] Cierto día Caín dijo a su hermano: «Salgamos al campo». Mientras estaban en el campo, Caín atacó a su hermano Abel y lo mató.

[9] Luego el Señor le preguntó a Caín:

—¿Dónde está tu hermano? ¿Dónde está Abel?

—No lo sé—contestó Caín—. ¿Acaso soy yo el guardián de mi hermano?

[10] Pero el Señor le dijo:

—¿Qué has hecho? ¡La sangre de tu hermano clama a mí desde la tierra! [11] Ahora eres maldito y serás expulsado de la tierra que se ha tragado la sangre de tu hermano. [12] La tierra ya no te dará buenas cosechas, ¡por mucho que la trabajes! De ahora en adelante, serás un vagabundo sin hogar sobre la tierra.

[13] Caín respondió al Señor:

—¡Mi castigo es demasiado grande para soportarlo! [14] Me has expulsado de la tierra y de tu presencia; me has hecho un vagabundo sin hogar. ¡Cualquiera que me encuentre me matará!

[15] El Señor respondió:

—No, porque yo castigaré siete veces a cualquiera que te mate.

Entonces el Señor le puso una marca a Caín como advertencia para cualquiera que intentara matarlo.

Esto es lo que interpreto de la historia: Caín le trajo a Dios una ofrenda que a Él no le agradó. Concluyo que fueron unas viandas que le sobraron o unos frutos defectuosos. Hay un contraste claro entre su ofrenda y la de su hermano Abel, quien escogió las primicias, lo más preciado de su rebaño, lo cual Dios recibió con alegría. Caín se enfureció mucho, y decayó su semblante. Quizá pensó: «Claro, mi hermano siempre tiene que lucirse sacrificando a sus ovejas gordas; ¿por qué él es querido por todos y yo no?; ¿por qué la vida tiene que tratarme de esta manera tan injusta?». A Dios le molestó la soberbia de Caín. Dios le reclamó que él se había negado a hacer lo correcto y le advirtió que el pecado lo estaba esperando para irle encima; aun así, él debía y podía dominarlo.

La traducción de la palabra pecado en ese verso es del hebreo original *un depredador sexualmente excitado*. Cuando el hombre le da entrada a la envidia y al odio, es como si su espíritu fuese poseído por un depredador: se calienta por dentro, se agudizan

sus sentidos, no piensa en otra cosa que no sea en violar sin escrú-
pulos, satisfacer sus deseos, herir gravemente; un *anim-mal* (*anim*
= criatura viva y en movimiento; *mal* = malicia, mal formada, que
maltrata).

Caín mató a Abel. Abel era bueno y nunca imaginó que su
hermano mayor le haría daño. Y es que el mal nos puede pasar
por encima si no contamos con su astucia. Un Caín puede pensar
que su castigo es –aparte de no ver la recompensa de su labor, y
andar vagabundo, lejos de la presencia de Dios– que cualquiera
que lo descubra lo matará. Pero ese no es siempre el caso; hay
otro castigo que puede importunarlo más. Los malos tienen una
marca en la frente (*Génesis 3:15*). Si identificamos a un Caín podemos (1) leerle sus pensamientos, (2) discernir sus objetivos, (3)
oler la sangre en sus manos, (4) mantener la distancia, y (5) estar
alerta para defendernos si fuese necesario.

Parafraseo las sabias palabras del psicólogo Jordan Peterson:
la malevolencia emergió como enemiga del sacrificio genuino y
la conducta humilde. Quizá Dios tuvo que darnos la opción del
mal para que estuviera disponible y nosotros, por nuestro libre
albedrío, escogiéramos rechazarlo. Como sabemos que existe el
mal, también sabemos lo que representa lo opuesto: la verdad, el
amor, la libertad y la justicia. Puede que esas sean las razones por
las cuales el mal existe.[10]

El mal: Versión encubierta – Asesinos en serie

Los asesinos en serie *son personas que cometen una serie de asesina-
tos, a menudo sin motivo aparente y típicamente siguiendo un patrón de comportamiento característico y predecible.*[11] Según el *Crime
Museum (Museo del Crimen)*, muchos expertos coinciden en que
los asesinos en serie poseen los siguientes distintivos:

(a) Un alto coeficiente intelectual (CI): Theodore Kaczynski, también conocido como Unabomber (UN = universidades/A = aerolíneas/BOMber = bombas), fue descrito como: *un prodigio; un hombre inusual con increíbles capacidades de sobrevivir en la naturaleza; presentó la mejor disertación del año.* Kaczynski tenía un doctorado en matemáticas y un CI de 167. Asesinó a tres personas e hirió a otras veintitrés en una maniobra de bombardeos por correo postal durante los años 1978-1995. Todo ese tiempo vivió incógnito y prófugo de la ley en una cabaña remota, sin electricidad ni agua corriente.[12]

(b) Identifican y seleccionan a presas fáciles, ingenuas, indefensas: niños que caminan de la casa a la escuela y de regreso a casa sin supervisión adulta; mujeres que van solas a clubes nocturnos y se pasan de tragos; jóvenes con baja autoestima y poca preparación física; ancianos frágiles y desamparados que tienen dinero. Estos psicópatas tienen una visión en mente de su víctima ideal. «Llevaba tiempo pensando en matar a mi primera víctima. Me decidí. Manejé fuera de la ciudad. Estaba buscando a chicas desprevenidas, pidiendo un aventón en la autopista. Había una muchacha sola, era un poco más baja que yo, de cabello castaño, bonita. La recogí. Avancé un tramo. Me salí de la carretera en una zona boscosa. Le ordené que saliera del auto. Le disparé con mi rifle y la maté».

Cuando el periodista Piers Morgan le preguntó a Bernard Giles acerca de lo que había sentido cuando cometió ese y otros crímenes, él respondió: «Muy estimulado, muy provocado. La cuestión es, ¿cuál es tu pasión en tu vida? Y la estás viviendo. Estás tan... ahí, que casi puedes ver los átomos vibrando».[13]

(c) Estudian y planifican los crímenes minuciosamente: «Obtuve algunas ideas tremendas de los relatos policiacos, y no sólo en los trucos, las cosas reales, las cositas que aprenderías de sus procedimientos. También aprendí la mecánica detrás de eso, la lógica, cosas que no me permitirían ni siquiera caminar hacia una trampa potencial, porque sabía exactamente cómo funcionaban las mentes de los detectives».

Ed Kemper asesinó a ocho personas y nunca lo atraparon; él fue quien se entregó a las autoridades. Mató a sus dos abuelos, a su madre, a la mejor amiga de su madre, a estudiantes y educadores de la universidad.

En otro fragmento de la entrevista de Kemper con el agente del FBI John Douglas, el asesino describió una cita con una chica: «Tenía muchas ganas de ir, pero era consciente de la diferencia entre ambas realidades, y la distancia entre esas dos era tan dramática, tan sorprendente, tan violenta, y ese... anhelo; una sensación furiosa me comía por dentro... sentía que consumía mis entrañas. Fue una pasión fantástica. No era impotente físicamente, pero emocionalmente lo era. Una semana antes de que ella muriera, supe que la iba a matar».[14]

El mal muy cerca de ti: Un hijo

Estamos acostumbrados a imaginar que el mal viene de afuera: un vecino, un jefe, un psicópata que vemos en las noticias, un tirano. ¿Qué pasa cuando el mal viene de adentro, cuando está cerca, demasiado cerca de nosotros? En esta sección hablaré sobre qué medidas tomar si descubrimos el Mal en nuestros hijos. Escribo Mal en mayúsculas porque es perverso, atroz y absoluto; un horror que no tiene sentido, que puede enloquecer a cualquiera.

Los Demonios (Dostoievski)

Los demonios, también traducido como *Los poseídos*, está considerada como una de las obras maestras de Dostoievski. El escritor narró el escenario social de la Rusia a mediados del siglo XIX: idealistas, novelistas y librepensadores que se reunían clandestinamente para criticar a la aristocracia y exponer sus nuevas ideas. Hablaban de invalidar la libre expresión, de censurar a la prensa, de desmembrar al país para convertirlo en una federación libre, de la sublevación de la clase obrera, entre otros planes. Proclamaban lemas revolucionarios como: *Cerrad inmediatamente las iglesias. Aniquilad a Dios. Abolid los matrimonios. Suprimid el derecho de herencia. Armaos con cuchillos y rifles.*[15]

Dentro de los idealistas estaba Stepán Verjovenski, un intelectual adicto al alcohol que fue contratado por Varvara Stavróguina, rica y viuda de un teniente general, para que fuese el maestro privado de su hijo Nikolái Stavroguin. Stepán no tenía un trabajo fijo y acababa de perder a su mujer, quien le había dejado un hijo, Piotr Verjovenski. El niño fue enviado a un rincón remoto de Rusia para que lo criasen unas tías lejanas.

Sin pretenderlo, entre Stepán y Varvara contribuyeron al desarrollo de *los demonios*, apelativo dado principalmente a Nikolái y Piotr que, poseídos por ideas nihilistas –fuerzas espirituales maliciosas, pero vivas en el ámbito terrenal– arrastraron a la sociedad al borde del colapso.

Estas fueron algunas descripciones de Nikolái: *contradictorio y sombrío; de maldad fría, calmosa; de mirada severa, pensativa y absorta; de belleza perfecta que desafiaba toda crítica; joven que poseía el triste demonio de la ironía; ocioso indolente señorito; hombre que perdió la distinción entre el bien y el mal; se le amaba y se le adoraba sin saber por qué.* Por otro lado, estaba Piotr, la mente maestra de la conspiración organizada que proponía derrocar el gobierno de los zares y establecer el socialismo. Tenía vínculos cercanos con la esposa de un gobernador, y utilizó a Nikolái –la figura perfecta del líder que necesitaba Rusia: inteligente, carismático, adinerado, con extraordinaria aptitud para el crimen– para imponer sus ideales, recurrir a la violencia, y apoderarse de las instituciones del país. Piotr y sus coconspiradores recaudaron fondos para comprar armas, distribuyeron propaganda revolucionaria, agitaron a los trabajadores de fábricas locales, y reclutaron a jóvenes que se oponían a la religión ortodoxa y al patriarcado.

Se pueden sacar múltiples interpretaciones de este drama que se desenvuelve y termina en tragedia. Es una novela larga y compleja. Una de las enseñanzas que yo me llevo es el infierno que puede resultar tras el abandono de nosotros los padres, o si no actuamos a tiempo a la hora de corregir a nuestros hijos. En el caso de Nikolái, huérfano de padre, viajó a Suiza para estudiar en la universidad. Varvara se enteró de sus injustificables maldades –incluyendo la violación de una niña de once años–, y el amor de madre la cegó al punto de no amonestarlo ni entregarlo a las autoridades. Piotr tenía un padre que no se ocupó de él, algo que Piotr le echó en cara en varias ocasiones. Cuando Stepán se dio cuenta de que había perdido la autoridad moral sobre Piotr, se preguntó: ¿Dónde *está mi hijo, mi hijo amado?... el mismo pequeño nervioso, sensible y tímido que antes de acostarse rezaba arrodillado por miedo a morir durante la noche. ¿En qué se ha convertido?*

Dostoievski, con su ficción literaria, de cierto modo profetizó la revolución bolchevique de 1917. Se podría argumentar que Vladimir Lenin tenía rasgos de Nikolái y Piotr. Nacido en una familia de clase media alta, cuando tenía dieciséis años, su padre –devoto creyente– murió de una hemorragia cerebral. Poco después, su hermano Alexander fue encarcelado y ejecutado por formar parte de un complot que intentó asesinar al zar Alejandro III. La madre de Lenin, luterana de educación, era en gran medida indiferente al cristianismo. A mi entender, estos factores fueron relevantes en el pensamiento de Lenin, quien se convirtió en uno de los líderes comunistas más influyentes, radicales y violentos de la historia.[16]

El hijo de una paciente

Tuve una paciente cuyo hijo de cuarenta años le pegó, diseñó artimañas para traspasar el título de la propiedad –que ella había pagado– a su nombre, y la botó de la casa. Desconozco los detalles de otros actos delincuentes y violentos que él cometió. Infiero que cuando él estaba en el preescolar, ella vio algunos indicios de maldad y no quiso prestarle atención, pues pensó que eran pillerías. Pasó el tiempo y las pillerías fueron más frecuentes, desafiantes, crecidas en violencia. Ella siguió obviando *el elefante en el cuarto*. Pensó que esas maldades se curarían con el crecimiento y la madurez. Sus señales de alerta concuerdan con las mencionadas por psicólogos en el DSM-V.

Señales de alerta = Criterio diagnóstico: desorden de conducta (DSM-V)[17]

(1) Era frío, introvertido, rara vez se sabía lo que estaba pensando. No mostraba afecto a sus padres o hermanos.
(2) Tenía dificultad para mantener amigos o relaciones íntimas.
(3) Mentía con cinismo y habilidad.
(4) A menudo desobedecía y retaba a los padres, maestros, y autoridades.
(5) No sentía vergüenza ni culpabilidad después de hacer algo malo.
(6) Era insensible e indiferente en respuesta al sufrimiento de los demás.

Intento abordar este tema con seriedad y delicadeza, porque se trata de lo que más uno quiere en la vida: los hijos. Freud enseña que *lo siniestro es lo cotidiano cuando se convierte en el horror*. Es de suma importancia que, como padres, identifiquemos las señales de psicopatía en los niños. Éstas pueden ser evidentes desde una edad temprana de tres a cuatro años. Experimentar una crianza cálida y receptiva en la infancia es protectora contra el desarrollo de enfermedades mentales, pero no es suficiente para tratarlas. El padre que tenga un hijo que exhiba desórdenes de conducta, ha de consultarlo con profesionales de la salud mental: terapeutas, psicólogos, psiquiatras, y/o consejeros de familia.

Cuán insoportable sería que los hijos violen a alguien; que compren un arma de alto calibre y maten a sus compañeros en el colegio; o que alcancen las altas esferas de la sociedad con una mentalidad amoral y cruel, valiéndose de sus aptitudes para sembrar la discordia y manipular a las masas para sus propios fines personales o políticos. Para evitarlo, necesitamos ser conscientes del Mal en ellos, aunque nos duela reconocerlo. Aun atendidos y supervisados por personas capacitadas, puede que no se arreglen nunca y, si presentan un peligro para la vida ajena, la solución más adecuada es institucionalizarlos.

Hay que observar a los hijos: qué piensan, qué hacen, con quiénes se relacionan. Esa es nuestra responsabilidad como padres. Y hay comportamientos que no se les pueden permitir.

El mal en tu entorno social

Mi padre nos decía a mi hermano y a mí: «Ustedes podrán ser cristianos, eso se los inculqué y se los aplaudo, pero yo no crié a dos hombres para que fueran unos *giles*». El viejo nos hablaba sin pelos en la lengua. Tenía razón. Tú y yo podemos aplicar su consejo cuando alguien quiera intencionalmente dañar a nuestra familia, violar nuestros derechos, o abolir nuestros principios. Lo mismo da que sea un vecino, un jefe, un maestro, un desconocido; realmente no importa el quién, sino el qué. Hay personas que, por las razones que sean, intentarán aprovecharse de nosotros. Cualquiera que se atreva, tiene que saber que tú estás dispuesto a defenderte, defender a los tuyos, y defender tu justa manera de vivir. *Una vida privada y personal está obligada, con la fuerza toda y con todas las armas del espíritu, a defenderse de lo que la daña; de cuyo bienestar dependen, y en él se apoyan, tantas vidas.*[18]

El mismo Jesús, quien nos enseñó a amar al prójimo, y pronunció estas palabras mientras lo crucificaban: *Padre, perdónalos porque no saben lo que hacen*, en un momento determinado hizo lo siguiente:

Llegaron a Jerusalén; y entrando Jesús en el templo, comenzó a echar fuera a los que vendían y compraban en el templo; volcó las mesas de los que cambiaban el dinero y los asientos de los que vendían las palomas, y no permitía que nadie transportara objeto alguno a través del templo. Y les enseñaba, diciendo: «¿No está escrito: 'Mi casa será llamada casa de oración para todas las naciones'? Pero ustedes la han hecho cueva de ladrones». (*Marcos 11:15-17*).

Los avaros líderes religiosos tenían tantos negocios dentro del templo, que no permitían que los gentiles y los pobres entraran a adorar a Dios. Esta actitud era injusta y deplorable; Jesús no se las permitió a ellos.

My name is Danger

El enemigo del bien tiene que saber que tú representas un peligro. Caminando por el barrio un día, vi una mansión espectacular: dos plantas de concreto, puertas y ventanas de aluminio y cristal contra huracanes, tejas de cerámica, garajes para tres autos, amplia terraza con palmas, plantas exóticas y piscina. Además, había cámaras de seguridad y un cartel en la cerca delantera que decía: *Cuidado con el perro.* Creí que fue una brillante idea de los dueños. Quién sabía si había o no un perro, o si era un *dóberman* fiero como estaba representado en el cartel.

Tu enemigo no tiene que saber exactamente cómo vas a enfrentártele. Puedes ser más astuto que él, hacerte el que no sabe lo que él está tramando, derrotarlo con incertidumbre y con tu fuerte voluntad. Lo comparo al concepto de las artes marciales: entrenarte en infligir dolor con golpes efectivos, en los que gastas la energía precisa; restringirte y disciplinarte de tal manera que, aunque seas experto, no ejecutes tus habilidades a no ser que sea indispensable.

Yo no estoy diciendo que te vuelvas paranoico con la gente que te rodea ni que pienses que hay unos cuantos asesinos en serie cerca de ti. Pero cuando tú identificas a Caín, no puedes ser ingenuo como su hermano Abel. Esa… contigo… no va. Te mantienes firme. No puedes permitirte ser débil. Tú eres el peligro. ¡Cuidado con el perro!

El señor de los anillos

La novela de fantasía heroica *El señor de los anillos*, narra el viaje del hobbit Frodo Bolsón con el Anillo del poder del mal, y la guerra que provocó el dios Sauron para recuperarlo. En el principio de los tiempos, los dioses forjaron anillos de poder y fueron entregados a las diversas razas que poblaron aquel mundo. Nueve anillos fueron dados a los reyes de los hombres, siete anillos a los reyes enanos, y tres anillos a los reyes de los elfos. Sauron aprendió el secreto de la creación de los anillos y forjó el Anillo Único, tan poderoso que era capaz de dominar a todos los otros. A continuación, veamos las características del Anillo Único:[19]

1. Es el Meta Anillo: la maldad sublime.
2. Todo lo que constituye el poder del mal forma parte de él: el orgullo, la avaricia, la mentira, la traición, la inquina, las malas intenciones.
3. Fue diseñado para encontrarte, atraerte y atarte en las tinieblas.
4. Es superior a los nueve anillos de los Hombres Mortales: ilegítimamente te promete poder, larga vida e invisibilidad.
5. Toma nuevas formas y aumenta su capacidad de maldad con el transcurso del tiempo.
6. Es de un oro brillante y atractivo, hermoso, vivaz, parece perfecto en la forma. Puede aparentar ser bueno.
7. No te puedes deshacer de él: su poder eterno vive en ti.
8. Está en manos de todos. Necesitas utilizar los tres anillos concebidos por el Creador –la fuerza, la bondad y la sabiduría– para vivir con él y dominarlo.

Los hobbits medían de dos a cuatro pies, eran sencillos, amaban la paz y el cultivo de la buena tierra. *Llevaron una vida bien ordenada, hasta llegar a pensar que la paz y la abundancia eran la norma en la Tierra Media, y el derecho de todo pueblo sensato.* Jamás lucharon entre sí.

Era difícil intimidarlos o matarlos; y lograron sobrevivir así a los rudos golpes de la pena, de los enemigos o del clima. *Atribuían al antiguo rey todas las leyes esenciales y por lo general las aceptaban de buen grado, ya que eran los Preceptos (como ellos decían) a la vez antiguos y justos.* Pero nunca había caído en manos de ellos el poder del Anillo.

El tío de Frodo, Bilbo Bolsón, accidentalmente tomó posesión del Anillo y lo llevó a la Comarca, pueblecito de los hobbits.

Al principio de la historia Bilbo no tenía una noción clara de su imán maligno. Poco a poco, él se dio cuenta de que cuando usaba el Anillo se sentía joven y ágil, y le causaba un deseo poderoso de posesión, pudiendo llegar a actos perversos con tal de conservarlo. Bilbo era un centenario cuando decidió entregarle el Anillo a su sobrino Frodo, quien había superado la veintena –los irresponsables veinte años que median entre los trece y treinta y tres– cuando lo recibió.

Frodo entendió lo que significaba el Anillo y decidió destruirlo en el fuego de Mount Doom (Monte Fatal). El joven se lanzó a la aventura. No obstante, no estaba preparado para los desafíos que le esperaban. Los agentes especiales del Señor Oscuro (Sauron) olfatearon que Frodo tenía el Anillo, e intentaron matarlo junto a sus amigos. Se salvaron por los pelos en varias ocasiones. Un buen día conocieron al misterioso Tom Bombadil. Y es de ese encuentro de donde saco una gran moraleja de la leyenda.

Tom podía ver a Frodo o a cualquiera con el Anillo puesto, aunque se tornara invisible para otros; y si lo tocaba, el Anillo no tenía efecto en él. Las palabras de Tom desnudaban los corazones de los hobbits, y el horror desaparecía tan pronto ellos veían sus ojos centelleantes y felices. El señor les inspiraba confianza porque las sombras del mal desaparecían a su luz, *se encogían como la niebla fría y lloraban como el viento.* Antes de que los hobbits prosiguieran su camino, él les entregó un cajón de tesoros y unas dagas, *largas y afiladas, de un raro metal fuerte y liviano, y con incrustaciones de piedras refulgentes... parecía que las hojas no hubiesen sido tocadas por el tiempo, sin manchas de herrumbre, brillantes al sol.* Ninguno de los muchachos había considerado hasta entonces los combates a los que estaban destinados. *Pronto iban a internarse en tierras extrañas, y más allá de todo lo conocido excepto en leyendas vagas y distantes.*

Quizá Tolkien, con su magia literaria, entretejió el personaje enigmático de Tom Bombadil para representar una entidad pura y venerable, alguien como el espíritu de la tradición que nos muestra el camino, o la voz interna que nos inspira a ser valientes, nos alerta del peligro, y nos brinda virtud y serenidad; pero prefirió mostrarnos a un viejo bondadoso que calmaba a los hobbits y a las criaturas del bosque para que nosotros lo descifrásemos a nuestro parecer. Me atrevo a llamarlo Espíritu Santo porque es como una réplica de lo que sucede cuando tengo una estrecha relación con él: me sostiene, pierdo el miedo, discierno el mal (dentro y fuera de mí), tengo provisión de aquello que necesito, y aparece mi destino.

Al final de la trilogía, Frodo destruyó el Anillo en el Monte Fatal.

Cuando somos conscientes de que llevamos el Meta Anillo, también tenemos la responsabilidad de decidir qué hacer con él. Echarlo al fuego es el acto alegórico en el que lo sometemos a la voluntad del espíritu, quien atenúa su poder maligno en nosotros; ajustarlo al dedo anular es pactar una alianza, acariciarlo y obedecerlo, dejar que él haga y deshaga según su deseo.

La atención: Vista panorámica

Los egipcios priorizaron la atención –símbolo del ojo con la ceja restringida– como dios supremo. Dentro de las deidades de este pueblo politeísta estaban Osiris, Seth y Horus. Osiris representaba el rey vitalicio, las viejas costumbres, un ser algo senil y voluntariamente ciego. Seth, el hermano del rey, era el símbolo de la tendencia de los sistemas (hogares, gobiernos, instituciones) a pervertirse con el tiempo. Horus, el hijo de Osiris, era la antítesis del rey y de Seth.

Seth mató a Osiris; Horus –el dios del cielo– vengó la muerte de su padre y se convirtió en faraón de Egipto. Los egipcios pintaban a Horus como un hombre con cabeza de halcón, animal con agudeza visual que supera la del ser humano. La percepción de Horus fue un elemento clave para que él no pasara por alto las consecuencias negativas de las tradiciones arcaicas, mantuviera a raya al malvado Seth, y revitalizara el orden social.

El profeta mesiánico tuvo una revelación parecida a la de los egipcios: *los que esperan en el Señor levantarán alas como las águilas (Isaías 40:31)*. Una traducción del verbo *esperar* en ese pasaje es expectativa, confianza, anticipación. Yo pienso que, si tú estás pendiente de seguir los preceptos de Dios, y apuestas todo a vivir una vida buena y justa… levantarás libre vuelo hacia las alturas, descubrirás el paisaje panorámico de la realidad: el mal que te rodea –*Caín, Seth, Los demonios*–, y las oportunidades… más allá del horizonte.

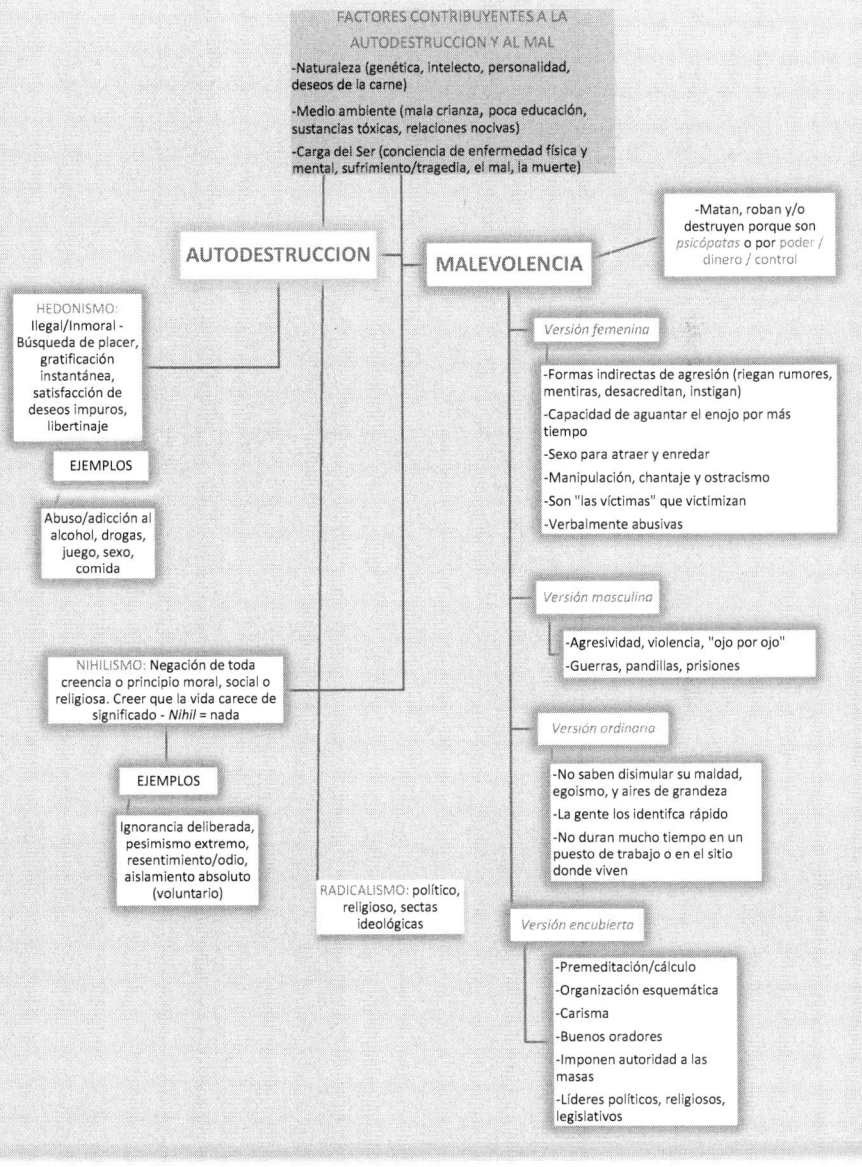

-Naturaleza (genética, intelecto, personalidad, deseos de la carne)

-Medio ambiente (mala crianza, poca educación, sustancias tóxicas, relaciones nocivas)

-Carga del Ser (conciencia de enfermedad física y mental, sufrimiento/tragedia, el mal, la muerte)

AUTODESTRUCCION

MALEVOLENCIA

-Matan, roban y/o destruyen porque son *psicópatas* o por poder / dinero / control

HEDONISMO: Ilegal/Inmoral - Búsqueda de placer, gratificación instantánea, satisfacción de deseos impuros, libertinaje

EJEMPLOS

Abuso/adicción al alcohol, drogas, juego, sexo, comida

Versión femenina

-Formas indirectas de agresión (riegan rumores, mentiras, desacreditan, instigan)

-Capacidad de aguantar el enojo por más tiempo

-Sexo para atraer y enredar

-Manipulación, chantaje y ostracismo

-Son "las víctimas" que victimizan

-Verbalmente abusivas

NIHILISMO: Negación de toda creencia o principio moral, social o religiosa. Creer que la vida carece de significado - *Nihil* = nada

Versión masculina

-Agresividad, violencia, "ojo por ojo"

-Guerras, pandillas, prisiones

EJEMPLOS

Ignorancia deliberada, pesimismo extremo, resentimiento/odio, aislamiento absoluto (voluntario)

Versión ordinaria

-No saben disimular su maldad, egoísmo, y aires de grandeza

-La gente los identifca rápido

-No duran mucho tiempo en un puesto de trabajo o en el sitio donde viven

RADICALISMO: político, religioso, sectas ideológicas

Versión encubierta

-Premeditación/cálculo

-Organización esquemática

-Carisma

-Buenos oradores

-Imponen autoridad a las masas

-Líderes políticos, religiosos, legislativos

V
EL SISTEMA

O la república tiene por base el carácter entero de cada uno de sus hijos, el hábito de trabajar con sus manos y pensar por sí propio, el ejercicio íntegro de sí, el respeto, como de honor de familia, al ejercicio íntegro de los demás, la pasión, en fin, por el decoro del hombre, o la república no vale una lágrima de nuestras mujeres ni una sola gota de sangre de nuestros bravos. José Martí.

Las reglas del juego

Hace unos meses fui a ver un doble juego de fútbol americano de mi hijo Liam. Eran los *playoffs*. En el primer juego el niño se destacó, jugó una defensa espectacular e hizo dos *touchdowns*. Su equipo ganó. Después de un breve receso, empezaron a jugar la semifinal. Este otro equipo jugó a un nivel que yo no había visto en niños de seis y siete años. Eran rápidos, agresivos; parecía que estaban entrenados por un *coach* profesional, y entendían mejor la dinámica del fútbol.

En el segundo tiempo, el equipo de Liam iba perdiendo por amplia ventaja. De repente, vi a mi hijo sollozando, con sus manos en las rodillas cuando acababa una jugada en la que había perdido la pelota. Sonó el silbido del árbitro que indicaba un descanso de dos minutos. Le llevé agua y Gatorade a Liam, y le pregunté qué le sucedía. «Veintiuno… estamos perdiendo… veintiuno a cero», me respondió entre suspiros. Intenté darle ánimo para que levantara su cabeza y no se rindiera hasta el final del juego. Su equipo fue derrotado, y terminó en tercer lugar de la competencia.

¿Por qué llevo a Liam a jugar fútbol? El objetivo no está limitado a que se destaque individualmente en vistas de ganar el campeonato, sino que juegue con ganas, que practique, que se discipline, que escuche y respete al coach, que juegue para el equipo, que comparta con sus compañeros, que levante el ánimo del amigo que está teniendo un mal juego o una mala temporada, que aprenda a utilizar las debilidades del contrario a su favor, y que aplique todas sus destrezas al máximo. Todo esto… sin violar las reglas. Liam está aprendiendo esos conceptos que le servirán en el futuro. Sin embargo, lo que más me dio orgullo fue su vergüenza deportiva, el dolor que sintió ante la derrota, algo que no se enseña, que nace bien adentro.

Cuando pienso en el Sistema –perverso, fuerte, omnipresente, astuto– siento a menudo frustración e impotencia, como si éste me estuviese venciendo veintiuno a cero.

El Orden Civil versus el Sistema

El Orden Civil –todo lo que constituye una sociedad vivible: la sagrada familia, el estado justo y soberano, las instituciones aplicadas (colegios, iglesias, negocios, medios)– en el cual creo y por el cual abogo está en una situación precaria. Nadie sabe lo que va a suceder en los próximos años, mas la historia no es estática; ninguna civilización está exenta de experimentar descensos, desvíos y desapariciones.

El Orden Civil se convierte en un caos sistemático cuando: (1) los padres no asumen sus responsabilidades, (2) los niños y adolescentes dictan lo que se hace y no se hace en sus casas y en sus vidas, (3) las instituciones académicas –desde las escuelas primarias hasta las universidades– adoctrinan en lugar de enseñar ciencias, letras, educación física y laboral, (4) los jefes de estados y el clero, por miedo a perder el estatus y la riqueza, se callan y son cómplices ante las injusticias y la corrupción, o son moderadores de las mismas. A ese desorden en el que se impone la tergiversación del Orden Civil le llamaré «Sistema».

Las instituciones humanas

Las instituciones humanas no son corruptas en su carácter distintivo. El hombre, con su altivez y ansias de mando inmerecido, es quien las echa a perder. Eres prudente si observas de dónde emerge el poder, en manos de quién cae y con qué fines es utilizado porque, como ya viste en *El Señor de los anillos*, éste tiende a corromperse aun en el corazón de un hombre bueno. Ahora bien, no tienes control sobre las decisiones que toma «su santidad el Papa» o el pastor de tu iglesia, o si el presidente por el cual votaste saca unas cartas escondidas para interponer su agenda oculta, arraigarse al poder a la fuerza, y maladministrar los impuestos y recursos del país. Tienes el control sobre tus emociones, lo que ves, escuchas y hablas, lo que piensas y cómo afrontas los retos de la vida; si ejerces ese control de forma adecuada y resiliente, puedes protegerte a ti, a tu pareja y a tus hijos y, de cierto modo, a la sociedad.

Esta nueva generación se tambalea, apenas se sostiene sobre arenas movedizas, pero tú puedes ser como Horacio, el amigo de Hamlet, un *hombre que sufre todo como quien nada sufre, que toma los reveses de fortuna y sus favores con la misma gratitud... cuya sangre y cuyo juicio tan bien se entrelazan, que no es flauta para que los dedos de la fortuna toquen el registro que se le antoje.*[1] Puedes abrazarte a las palabras de John Milton y comprender para en adelante que *lo mejor es obedecer solamente a Dios; amarle y temerle a un tiempo; proceder cual si estuvieses siempre delante de Él; no desconfiar jamás de su Providencia; entregarte del todo a Él, que misericordioso en todas sus obras, hace que el bien triunfe del mal, y convierte las cosas más pequeñas en las más grandes.*[2]

1. El hogar

El orden que funciona para mí, y el que yo querría para mis hijos, es: la esencia de Dios –amor, justicia, sinceridad, conocimiento, paz, mansedumbre, dominio propio– como cabeza del hombre, el hombre como cabeza de su mujer –ser sagrado, a la par de su esposo como ayuda idónea–, y los padres como cabeza de los hijos. El caos llega cuando se invierten los roles o cuando los padres no se ponen de acuerdo para establecer reglas.

Un problema grave y de gran urgencia que enfrenta la sociedad es la falta presencial y espiritual de los padres. La muerte de la civilización vendrá si nosotros como padres no criamos a nuestros hijos como debemos. Detente un momento y piensa: Hitler, Stalin, Mao, Castro, Manuel Delgado Villegas, Fernando Hernández Leyva, Shiro Ishii, Josef Mengele… todos ellos fueron hijos de alguien. Insisto en que la culpa no es exclusivamente de los padres; la libre voluntad de la persona adulta es el factor determinante en los resultados de vida. Pero es menos probable que un hombre se descarrile si desde pequeño se le inculca cuál es la senda correcta y cómo caminar por ella.

Yo pasé por la amarga experiencia de un divorcio. Las cosas no funcionaron, tanto ella como yo cometimos errores que nos llevaron a la separación. Este puede ser también el caso tuyo. Y te digo con toda sinceridad: puedes rehacer tu vida, tener una relación amorosa y saludable con tu nueva pareja, y recuperarte de los estragos emocionales y financieros que deja un divorcio. Pero nunca dejes de ser padre o madre. Tus hijos no tienen la culpa de tu fracaso matrimonial.

El orden en la crianza

La crianza comienza en la cuna, pero el tiempo corre tan deprisa que cuando vienes a ver, el bebé ya alcanza tu estatura. Hay una etapa intermedia entre la niñez y la mayoría de edad (la adolescencia) en la que quiero hacer énfasis. Es un período difícil, de retos y peligros, de cambios bruscos. Los adolescentes se caracterizan por (1) ser invulnerables, (2) ser rebeldes, (3) tener sus hormonas revueltas, (4) estar propensos a tomar decisiones basadas en sus impulsos y en satisfacer sus deseos, y (5) agobiarse con los conflictos de identidad: la adopción de una carrera, los valores en qué creer, y la experimentación sexual.

Por esas y otras razones, un adolescente no puede mandar en tu casa. Él podrá sugerirte algo, pedir que le compres un par de tenis Adidas o que lo dejes ir a una fiesta, pero no pueden sus deseos ser superiores a tu autoridad como padre. *Honra a tu padre y a tu madre* es uno de los mandamientos escritos en piedra. Si tú eres un buen padre, mientras el muchacho viva bajo tu techo, se coma la comida que tú pones en la despensa, y se vista con la ropa que tú le compras, él tiene que respetarte: cumplir con las normas justas que tú estableces según tu criterio.

¿Cómo le vas a permitir a tu hijo que tome decisiones de adultos cuando todavía su cerebro no se ha desarrollado? ¿En qué cabeza cabe que le permitas hacer lo que le venga en gana? Cuando él te pregunte el porqué de una negación tuya o por qué le estás exigiendo algo, primero ofrécele una respuesta sabia y razonable; si todavía no entiende, puedes responderle algo que se asemeje a *porque esa es mi determinación*, y si te pone contrafuertes o desobedece, entonces actúa y no le des más explicaciones. Él no es tu amigo, es tu hijo. Primero y siempre tiene que respetarte. Lo ideal es que a medida que crezca, te honre porque te estima y te quiere de verdad, pero mientras llega a ese nivel de dignidad, tiene que hacerlo por obligación.

En tu casa ha de prevalecer el orden, a no ser que quieras alimentar a una bestia por veinte años y luego soltársela a la sociedad. El caos es garantizado si tu hijo no es castigado cuando viola las reglas y/o se comporta mal, especialmente si roba, insulta o agrede a alguien. La paternidad permisiva crea delincuencia. Todos los seres humanos necesitamos principios rectores: leyes, esquemas, valores, rutina y tradición. El orden es que tu hijo se dirija a las personas mayores con reverencia, haga las tareas, tenga un horario establecido para comer y dormir, recoja su cuarto, bote la basura, se bañe, se cepille sus dientes, ayude en los quehaceres de la casa –limpieza, lavandería, cocina–, y se vista apropiadamente. En las palabras de Jordan Peterson:

El orden es la jerarquía de lugar, posición y autoridad, la estructura de la sociedad. Es la tribu, la religión, la casa, el hogar y el país. Es el salón cálido y seguro donde brilla la lumbre en la chimenea y hay niños jugando. Es el suelo que pisas y el plan que tienes para hoy. El orden es el lugar donde el mundo se comporta tal y como esperamos y deseamos que lo haga, allí donde todo sale tal y como queremos.[3]

Tu deber primordial es educar a tu hijo, mezclar un poco de hambre y un poco de frío con tu afecto y tu sabiduría, en virtud de que él resulte socialmente deseable, independiente y útil. Enséñale que las obligaciones son más relevantes que las emociones, que todo ideal debe ser pasado por el filtro de la objetividad práctica, la honradez, y la regla divina de ganarse el pan con el sudor de la frente. Así no formará parte de esta nueva generación de cristal, que se quiebra fácilmente y lacera a los demás a medida que crece.

2. La iglesia

Cuando el Sanedrín se confabuló con el gobierno romano para crucificar a Jesús, las dos entidades dictatoriales pensaron que todo acabaría, que las ideas del profeta que se autoproclamaba el Mesías iban a morir con él. Como no fue como ellos esperaban, continuaron haciendo de las suyas. En el «nombre de Dios» mataron a millones de personas, llenaron sus bolsillos de oro y adquirieron poderes extralimitados a la clerecía. La historia es fiel testigo de cuán corruptos y malvados han sido los líderes religiosos, desde que se establecieron en el poder hasta la actualidad.

Sin embargo, los apóstoles, judíos y gentiles se comprometieron con las palabras del Maestro: *Id por todo el mundo y predicar el evangelio a toda criatura* sin importar las consecuencias. Se reunieron en grupos pequeños (*ekklēsia* del griego), escribieron epístolas, hablaron en códigos, escondieron manuscritos a orillas del Mar Muerto, viajaron a pie y en barcos, predicaron en anfiteatros… en fin, hicieron todo a su alcance para lograr que lo que ellos consideraban era la palabra de verdad y salvación, se esparciera por el mundo entero. Nadie ha podido borrar la huella indeleble del cristianismo en la condición humana; ésta ha sido por más de dos mil años la brújula moral, la piedra angular de nuestra civilización.

Pero, como mencioné en el tercer capítulo, la sociedad moderna, por lo general, no valora el sacrificio de Jesús y el de sus fieles creyentes; perdió la fe en las religiones, en los curas y pastores, y sustituyó los sermones dominicales por quedarse en casa o hacer otras cosas que consideró más productivas.

Ya la iglesia no tiene la influencia que tuvo. Y dudo que vuelva a tenerla. Ahora hay otros dioses de alcance global y respuesta instantánea –Instagram, TikTok, Twitter, YouTube, Tinder, OK-Cupid, entre otros–, metidos en los teléfonos celulares y tabletas inteligentes, y conceden más deseos que el genio de la lámpara. Da igual que te portes bien o mal para recibir los regalos de los dioses. Y eso es un atractivo insuperable. ¡Bienvenido al nuevo mundo de la gratificación inmediata!

Lo que quiero enfatizar con estas declaraciones es que, aunque los líderes cristianos sean transparentes, tengan un mensaje positivo, de amor y de esperanza, y posean los recursos necesarios para promover la obra de Dios, tienen que luchar con paredes impermeables: la mentalidad agnóstica o atea, el libertinaje, los otros dioses (a quienes acabo de mencionar), y el *Establishment* (al que veremos a continuación). Las buenas nuevas pueden transmitirse rápido, y a todas las naciones, pero no llegan, se quedan suspendidas en el aire, ¿en las paredes? Entonces, ¿qué puedes hacer? Ver propuesta al final del capítulo.

3. Subdivisión del Sistema: El control del *Establecimiento* sobre las instituciones académicas

En este segmento, me tomaré la facultad de hablar de los Estados Unidos, porque soy ciudadano americano desde hace treinta años, estudié mi carrera y decidí criar a mis hijos aquí, y aprecio los valores figurados en su Constitución: la separación de poderes gubernamentales, la ley y el orden, las libertades de expresión, credo, empresa y propiedad privada. Y como los Estados Unidos forman parte de las grandes potencias, y muchas de las cosas que suceden aquí afectan a los demás países, hablaré de un notable controlador de las masas: el *Establecimiento*. Como no soy político ni economista, me enfocaré en el tema de la educación.

El *Establishment (Establecimiento)*, también conocido como *Regulador*, se refiere a la Sociedad Secreta de poderosos influyentes que controlan las esferas políticas, económicas, y sociales del mundo. Estos funcionarios tienen múltiples y lucrativas relaciones con la Casa Blanca, los medios de comunicación, Wall Street, el *big tech* de Silicon Valley, el G20, y universidades de élite. Según explica el escritor y profesor universitario, Victor Davis Hanson, «los Reguladores no tienen un electorado que audite periódicamente sus conductas en las urnas. Pueden crear una regla y luego convertirse en jueces que determinen si el ciudadano objetivo la ha infringido. Como ejecutivos, tienen el poder de hacer cumplir al infractor sus propias decisiones legislativas y judiciales anteriores».[4] Se ven a sí mismos como guardianes del poder, la moral y la influencia del país, un ejército permanente que se vuelve testarudo a cualquier voluntad, incluida la voluntad elegida por el pueblo, que no sea de su propia creación.

El agente de la KGB, Yuri Bezmenov, revela que «solamente el 15% de dinero, del tiempo y de mano de obra de la contrainteligencia se dedica al espionaje como tal. El otro 85% es un proceso lento que nosotros llamamos o bien 'Subversión Ideológica', 'Medidas Activas' o 'Guerra Psicológica', lo que significa básicamente: cambiar la percepción de la realidad de todo americano. Se trata de un gran proceso de lavado de cerebro que consta de una serie de etapas que empiezan por la desmoralización, que lleva de quince a veinte años, porque este es el número mínimo de años que se requiere para educar a una generación de estudiantes en el país enemigo expuesto a la ideología del enemigo. Luego se abre camino a la etapa de la desestabilización, donde ya se pueden empezar a generar los cambios en las instituciones».[5]

Esto es lo que viene sucediendo hace medio siglo, y al *Establishment* le conviene. A este complejo industrial militar no le importa trabajar sin descanso para mover gran parte de sus fichas en función de persuadir y controlar a los jóvenes, porque sabe que *la juventud tiene el genio vivo y el juicio débil* (Homero) y *es la fuerza más activa y vital de la sociedad, más ansiosa de aprender, y menos conservadora en su pensamiento* (Mao).

Entonces…: reduce la educación, limita la cultura, censura la información y cualquier medio de expresión individual, tergiversa la verdad, y tendrás como resultado poder, control de las ideas y del conocimiento… Lo controlarás todo.

La batalla cultural

A principios de enero de 2023, el gobernador de la Florida Ron DeSantis, requirió que las escuelas públicas mostraran los presupuestos destinados a la diversidad, equidad e inclusión (DEI). Un mes después, anunció planes para cerrar las oficinas de DEI y legislar reformas de gobernanza para garantizar que los programas académicos sirvan al interés público.[6]

Otros estados (Texas, Carolina del Norte y Tennessee) se sumaron a la iniciativa y, después de intensos debates, finalmente se aprobaron las legislaciones para revitalizar las funciones de búsqueda de la verdad, el libre intercambio de ideas, la difusión del conocimiento de la educación superior, y la preparación de la fuerza laboral de las universidades financiadas con fondos estatales.[7]

La DEI está compuesta por administradores, burócratas, organizaciones estudiantiles, y lobistas (controlados por el Establecimiento). Sus cláusulas son engañosas y convincentes, diseñadas para oscurecer el verdadero propósito detrás de la fachada. De hecho, los funcionarios se oponen a la diversidad intelectual y de puntos de vista, se centran incansablemente en un grupo reducido de cuestiones relacionadas con la raza, la sexualidad y la identidad de género, y lo hacen de manera excluyente.[8] Mencionaré algunos paradigmas de su agenda:

Sustituir los resultados académicos por la acción afirmativa

La acción afirmativa significa literalmente, «la práctica de favorecer a individuos pertenecientes a grupos desfavorecidos o sujetos a discriminación sobre individuos no pertenecientes a minorías igualmente calificados».[9] Se han dado casos de estudiantes asiáticos con excelentes notas, altas calificaciones en la Prueba de Aptitud Académica –examen de ingreso a las universidades– durante la preparación preuniversitaria, que han aplicado para estudiar sus carreras predilectas en una universidad prestigiosa y las personas encargadas de dicha anuencia les han ofrecido el puesto a hispanos o afroamericanos con records estudiantiles mediocres, sólo porque los asiáticos pertenecen a una etnia «favorecida».

Era inconstitucional e injusto que, en un país donde todos los estudiantes tienen educación gratuita desde el preescolar hasta el doceno grado (acceso a escuelas, bibliotecas, computadoras, internet, canchas deportivas, etcétera), la DEI violara los derechos de estudiantes sobresalientes, con vanas excusas de inclusión y equidad. Por esa razón, la Corte Suprema de Estados Unidos en el caso *Estudiantes por Admisiones Justas (Students for Fair Admissions) versus Harvard*, revirtió la acción afirmativa en el 2023. La mayoría de la Corte propuso eliminar toda discriminación impuesta por el gobierno, subrayando la necesidad de que las instituciones públicas avanzaran hacia la imparcialidad y la meritocracia en sus programas.[10]

Introducir libros LGBTQ o sexualmente explícitos en bibliotecas de menores

He visto varios reportajes televisivos en donde padres americanos han encontrado libros con contenido adulto en las bibliotecas de escuelas primarias y secundarias. Éstos incluyen títulos como *Gender Queer* (autobiografía de Maya y sus fantasías eróticas gay), *Julián es una sirena* (niño explorando la expresión de género), *Chico del césped* (persona «atraída por menores»), y *My Maddy* (una madre no binaria). Los libros exponen temas LGBTQ, imágenes de mujeres teniendo sexo, ilustraciones explícitas de sexo oral, masturbación de menores, y pedofilia.[11]

Grupos de padres conservadores como *Mamás por la Libertad*, unieron sus fuerzas para llevar este asunto desde las juntas escolares hasta la capital Washington D.C. La presión fue tal que se logró que pasaran leyes estatales y federales para sacar estos libros de las escuelas, y prohibir su entrada a las bibliotecas públicas.[12]

Estamos caminando por campos minados, territorios desconocidos jamás antes vistos. Que tanto tú como yo dejemos a nuestros hijos en sus escuelas, pensando que van a enseñarles a leer, a escribir, y a aplicar las matemáticas, y en lugar de eso sean expuestos a temas sexuales, algunos abominables y repulsivos para cualquier persona decente; que tu hija practique un deporte y tenga que competir con un varón que es un transexual; que tu hija entre a un baño de hembras y se encuentre a un varón vestido de mujer, pues la escuela le dio permiso. ¡Hasta cuándo!

Si los ciudadanos de esta nación queremos conservar vivo este último faro de esperanza, los principios legales y morales por los cuales los fundadores dieron sus vidas, tenemos que luchar. No podemos quedarnos callados, de brazos cruzados, y esperar que las cosas se arreglen solas. La batalla cultural se combate de adentro hacia afuera, quiero decir, partiendo del buen gobierno de nosotros mismos, nuestros hogares y nuestros hijos. Cuando esas bases están sólidas, es más difícil que *la honra del pueblo sea man-cillada, que la justicia sea vendida,* y conseguimos que *la noción del bien flote sobre todo, y no naufrague jamás.*[13]

Desacreditar y desmoralizar a los trabajadores de cuello azul

¡No soporto la arrogancia y la ingratitud de los intelectuales!: la postura de algunos profesores universitarios, activistas, perio-distas, y ejecutivos de criticar destructivamente a los hombres que se dedican a las labores físicas (trabajadores de cuello azul). La élite intelectual se aprovecha de su jerarquía y estatus social, no sólo para engañar y adoctrinar a los jóvenes, sino para des-preciar con altivez el carácter digno de estos hombres de hierro, de los cuales dependemos todos para el normal funcionamiento de la sociedad: personas que día a día se rompen los lomos para construir edificios y carreteras, destupir los alcantarillados de las ciudades y las tuberías de las casas, instalar cables eléctricos, arreglar aires acondicionados, mecanizar los automóviles, y cul-tivar la tierra.

Estados Unidos está profundamente desconectado. El siste-ma escolar quitó la educación laboral y economía doméstica de las aulas sobre la década de los 70s. La idea era motivar a todos los padres a que sus hijos trabajaran inteligentemente, no duro, y pagaran altos costos de carreras universitarias. Esta estrategia resultó fructífera para las instituciones académicas, quienes so-brepoblaron los colegios con estudiantes que se graduaron con títulos que después no les servían para mucho. En *Wealth, Poverty and Politics,* Thomas Sowell tilda a algunos de estos graduados con bachiller y maestrías de «desempleados o subempleados edu-cados», porque no hay suficientes trabajos para ellos en el sector privado, ni trabajos que les provean de estabilidad económica.[14] ¿Qué sigue? Un grupo numeroso de jóvenes con poco capital hu-mano. ¿Para qué quieres un título si no tienes habilidades prácticas; de qué te sirven seis años de universidad si tu posgrado no te da para pagar la renta?

Sowell afirma que «a veces se crean empleos en las burocracias gubernamentales para absorber un gran número de jóvenes que, de otro modo, podrían sentirse lo suficientemente frustrados y amargados como para ser políticamente problemáticos para los funcionarios del gobierno, o incluso peligros para la sociedad en general».

Consideremos la realidad del mercado laboral actual: un desempleo récord, millones de empleos calificados vacantes porque nadie está capacitado o dispuesto a desempeñarlos. Según Mike Rowe, presentador y narrador de televisión estadounidense, mejor conocido por su programa *Dirty Jobs (Trabajos Sucios)*, «el desempleo entre los graduados universitarios está en su punto más alto de todos los tiempos, y la mayoría de los graduados con empleo ni siquiera está trabajando en su campo de estudio. Además, en conjunto deben 1,5 trillones de dólares en préstamos estudiantiles. La evidencia sugiere que hemos seguido muy malos consejos y hemos tratado de separar el trabajo duro del éxito. En consecuencia, nos hemos desconectado profundamente de una parte crítica de nuestra fuerza laboral. La parte experta. La parte que mantiene las luces encendidas. Eso es una locura. En un mundo sensato, debería haber carteles colgados en las escuelas secundarias que reflejen la realidad de la situación en la que nos encontramos»[15]. ¿No tendría más sentido promover el *Trabajo Inteligente y Duro*? Te comparto a continuación un fragmento de *La Promesa de Sudar* propuesta por Mr. Rowe:

1. Creo que he ganado la lotería más grande de todos los tiempos: Estoy vivo. Camino por la Tierra. Sobre todas las cosas, estoy agradecido.

2. Creo que la mejor manera de distinguirme en el trabajo es llegar temprano, quedarme hasta tarde y trabajar alegremente en cada tarea.

3. Creo que los sonidos más molestos del mundo son los quejidos y las quejas. Nunca los haré. Si soy infeliz en mi trabajo, buscaré un nuevo trabajo o encontraré una manera de ser feliz.

4. Creo que mi educación es mi responsabilidad y absolutamente fundamental para mi éxito. Estoy decidido a aprender como tanto pueda de cualquier fuente que esté disponible para mí.

5. Creo que soy producto de mis elecciones, no de mis circunstancias. Nunca culparé a nadie por mis deficiencias o los desafíos que enfrento. Nunca aceptaré el crédito por algo que no hice.

6. Creo que todas las personas son creadas iguales. También creo que todas las personas toman decisiones. Algunos eligen ser vagos. Algunos eligen dormir hasta tarde. Yo elijo trabajar duro.

El maestro y Margarita

El maestro y Margarita es una novela de Mijaíl Bulgákov. El escritor empleó un realismo mágico para describir la Rusia de los años 1920-1940. La historia comienza en los Estanques del Patriarca en Moscú. Mijaíl Berlioz, jefe de redacción de MASSOLIT —revista de literatura de masas—, había encargado a Iván Nikoláyevich escribir un largo poema antirreligioso para la revista. El poema fue censurado por Berlioz porque no se ajustaba al sentimiento de las instituciones rusas. El jefe trataba de demostrarle al joven poeta que se trataba *no de la maldad o bondad de Cristo, sino de que Cristo, como tal, no existió nunca y que todo lo que se decía de él era puro cuento, un mito vulgar.* En medio de esta conversación se les apareció Voland (el Diablo).[16]

Voland es descrito como un hombre extranjero de cuarenta y pico de años, moreno, alto, bien afeitado y vestido de elegante traje; zapatos y boina grises; el ojo derecho negro y el izquierdo verde; dentadura de oro y platino. Voland les preguntó cortésmente a los dos literatos si podía participar en la conversación, y ellos aceptaron. «En nuestro país nadie se sorprende porque uno sea ateo... la mayoría de nuestra población ha dejado, conscientemente, de creer en todas las historias sobre Dios», afirmó Berlioz. Voland le repuso: «Si Dios no existe, ¿quién mantiene entonces el orden en la tierra y dirige la vida humana?». Ahí entraron los tres en un interesante debate sobre la inexistencia y existencia de Dios y del Diablo (los pensadores, escritores, y miembros del partido no creían en ninguno de los dos: sólo en el hombre, la ciencia y el Estado), las limitaciones del hombre, y lo grave que era para él ser mortal... de repente. Justo antes de acabarse el diálogo, Voland –que les había dicho que era un historiador y especialista en magia negra– le dijo a Berlioz que le cortarían la cabeza, predicción que enfureció a Iván, pero Berlioz la tomó como un chiste de mala gana.

El Diablo, un desconocido no invitado que surgió como del aire —¡rarísimo!— y a quien se le abrió la puerta, se instaló en Moscú. Y nadie lo sabía. Esa misma tarde, Berlioz sufrió una caída y fue decapitado por un tranvía.

Voland y su séquito: Koróviev-Fagot, el demonio Azazello, el gato Popota y la bruja Guela, encontraron el lugar perfecto para celebrar el Gran Baile del Plenilunio Primaveral. En esta fiesta anual, listaban un incontable número de espíritus de *reyes, duques, caballeros, asesinos, envenenadoras, alcahuetas, carceleros, tahúres, verdugos, delatores, traidores, dementes, detectives, corruptores*; hombres y mujeres que hicieron pactos con el Diablo, y nunca quisieron quitarse el Anillo de compromiso con el mal.

De esta sátira fantástica podemos extraer un riquísimo lenguaje literario, ser testigos de la gran imaginación de Bulgákov –conversaciones entre Jesús y Poncio Pilato (narración agrupada a la trama principal), y descripciones de Voland y su comitiva–, y apreciar una historia de amor entre Margarita y el maestro, en la que ella viaja a los infiernos para salvar a su amado. Pero yo quiero hablarte de cómo la visita de Voland afectó las vidas de algunos de los personajes.

Iván Nikoláyevich: Escritor y miembro del MASSOLIT
Iván terminó desamparado en un manicomio después de presenciar el horrendo accidente de Berlioz, finalmente entendiendo que el Diablo sí existía.

Stiopa Lijodéyev: Director del teatro Varietés, vecino de Berlioz
Después de hacer el contrato con Voland por siete actuaciones de magia negra, Stiopa quedó totalmente hipnotizado y confuso, sintió que le había pasado algo raro: «estoy muy malo, ¿dónde estoy?, ¿qué ciudad es esta?».

Nikanor Ivánovich: Presidente de la Comunidad de Vecinos
La comunidad en donde se instaló Voland tenía un déficit bastante respetable. Voland sobornó a Nikanor con una buena suma de dinero con tal de quedarse con el piso. «El paquete de dinero, solito se metió en su cartera». Era tarde cuando Nikanor sintió los golpes de conciencia. Voland le hizo una jugada en la que llamó a las autoridades para chivatearlo y decirles que él tenía divisas en su casa. Cuando Nikanor fue detenido, exclamó: «¡Hay que detenerles! ¡El Diablo está en esta casa!». Después que ingresó en un manicomio, pidió que *le devolvieran la cabeza.*

Rimski: Director de finanzas del teatro Varietés

Cuando Rimski no pudo comunicarse con Stiopa y leyó un telegrama algo confuso sobre Voland y la hipnosis de Stiopa, el administrador del teatro notó con asombro el cambio que éste había experimentado. Su delgadez parecía haberse acentuado, incluso daba la impresión de haber envejecido en cuestión de segundos. *Su fisonomía se había cubierto de un tinte no solo de angustia, sino también de tristeza.*

Prójor Petróvich: Presidente de la Comisión

Prójor era una persona adicta al trabajo y tenía la costumbre de blasfemar. En una ocasión regañó a un empleado: «¡Salga de aquí inmediatamente o el Diablo me lleve!». Cuando la secretaria de Prójor fue a notificarle sobre una cita con el contador, encontró *un traje vacío, escribiendo en un papel con una pluma que no mojaba en tinta... llevaba corbata y del bolsillo del traje asomaba una pluma estilográfica, pero de la camisa no emergía ni cabeza ni cuello, ni asomaban las manos por las mangas.* La persona que se la pasa maldiciendo y, aparte de eso, abandona a Dios y a su familia por estar sumergida en el trabajo, es tierra fértil para el Enemigo, se desvanece, pierde la cabeza y las manos; no tiene dirección, no construye nada perdurable, escribe sin dejar huellas.

La muerte de Dios

¡Dios está muerto! ¡Dios sigue muerto! ¡Y lo hemos matado! Nietzsche fue un crítico sin igual de los axiomas fundamentales del cristianismo. El filósofo alemán no titubeó al publicar que, para los cristianos, la crucifixión de Jesús los redimía de las responsabilidades, los libraba de toda carga moral pasada, presente y futura, y devaluaba el significado de la vida terrenal. Con todo, él no dejó de admitir que la capacidad para actuar de forma coherente y adecuada requería una jerarquía de va-

lores. Por este motivo, Nietzsche reconoció la necesidad del dogma judeo-cristiano al declarar que las consecuencias de la muerte de Dios eran la autodestrucción del ser humano y el totalitarismo.[17]

Dios muere cuando no hay una buena razón para creer que Él existe, cuando la ciencia y la razón desempeñan en la vida de los pueblos el rol indiscutible y absoluto.

Según Dostoievski, *las naciones se forman y desarrollan en virtud de una fuerza diferente, dominadora, cuyo origen sigue siendo desconocido e inexplicable. El fin de todo pueblo, en cada período de su historia, es únicamente la búsqueda de Dios, de su Dios, de un Dios para él, en el cual creer como único y verdadero.* Dostoievski creía que la ciencia por sí misma no podía distinguir la idea del bien y del mal, sino aproximarse a ella. Y como la ciencia nunca lograba explicar su supremacía sobre Dios, buscaba soluciones racionales para imponer su fuerza. Cuando esto sucedía, llegaba la semiciencia, *la plaga más terrible que sufre la humanidad, peor aún que el hambre, la peste y la guerra... un déspota que tiene sacerdotes y esclavos, ante el cual todo se inclina con fervor supersticioso.*[18] De la semiciencia emergen dictaduras como las de la Unión Soviética y China (el comunismo), y los Nazis (el fascismo); responsables de encarcelamientos, torturas, y muertes de millones de personas inocentes.

Y eso sucede cuando dejamos –inconsciente o conscientemente– que Voland se meta en la conversación; cuando permitimos que el desconocido inoportuno imponga sus leyes: matamos a Dios y Voland celebra su fiesta. Voland toma el control del Anticristo –el Sistema que se le rebela a Cristo–, y continuamente intenta sacar a Dios de tu mente, de tu hogar, de las escuelas, y del gobierno.

En el epígrafe de *Los demonios*, Dostoievski utiliza el pasaje bíblico del encuentro de Jesús con el endemoniado gadareno *(Lucas 8:28-33)*:

Al llegar él a tierra, vino a su encuentro un hombre de la ciudad, endemoniado desde hacía mucho tiempo; y no vestía ropa, ni moraba en casa, sino en los sepulcros… Y le preguntó Jesús, diciendo: ¿Cómo te llamas? Y él dijo: Legión. Porque muchos demonios habían entrado en él. Y le rogaban que no los mandase ir al abismo. Había allí un hato de muchos cerdos que pacían en el monte; y le rogaron que los dejase entrar en ellos; y les dio permiso. Y los demonios, salidos del hombre, entraron en los cerdos; y el hato se precipitó por un despeñadero al lago, y se ahogó.

Después de un intenso estudio del epígrafe anterior, deduzco a continuación una de las posibles interpretaciones sobre el contexto de los demonios y los cerdos. Los demonios salen de una persona poseída a unos cerdos. Los cerdos representan la plebe dividida en dos tipos: **(a)** los de clase baja, que tienen poca educación, pobres, incautos, campesinos trabajadores, aislados de la ciudad (almas nobles y buenas), o **(b)** la gentuza, que se la pasa construyendo el país de las maravillas con la mente y con la boca, y sus manos permanecen en los bolsillos, que come cualquier cosa –promesa– que le ofrezcan, que se revuelve en el fango y desprecia las perlas (ingratos y perezosos idealistas). Estas clases de personas son las que, históricamente hablando, caen en las garras de los dirigentes sagaces y arbitrarios que manejan el Sistema. Como no hay quien pueda subsistir poseído con ideales que emergen de la semiciencia… *los demonios, salidos del hombre, entran en los cerdos; y el hato se precipita por un despeñadero al lago, y se ahoga.*

Que Dios pueda contar contigo

Estuve tan sumergido en los capítulos de *El mal y El sistema* –orando y prestándoles especial atención– que por momentos comprendí porqué Ernst Wiechert escribió *La vida sencilla.** Tuve dos sueños. Hay sueños que son tonterías, basura que se acumula en el subconsciente, pero hay otros que tienen significado. Soñé que estaba caminando por la esquina de mi casa y un *rottweiler* corría a morderme. No tenía con qué defenderme, y lo bloqueé. Cuando puse mis brazos en forma de cruz para cubrir mi cara, el perro rebotó a unos diez metros de mí. Él volvió a lanzarse en dirección mía. Me desperté. En el segundo sueño (varios meses después), el mismo *rottweiler* salivando y gruñendo, se me fue encima. Esta vez me cogió desprevenido y pudo alcanzar mi frente con sus colmillos afilados. Para sorpresa mía, sonó como si él clavara sus caninos en un metal: ¡tong!; rebotó de espaldas, y repercutió con toda su rabia a morderme. Cuando saltó, cubrí mi cara con los antebrazos, y me pasó por encima de la cabeza. Abrí los ojos y el perro había desaparecido.

*En el año 1938, Ernst Wiechert sobrevivió a un encarcelamiento en el campo de concentración de Buchenwald a manos del régimen nazi. A su regreso a casa se puso a escribir *La vida sencilla*, en la que un ex capitán naval alemán, Thomas von Orla, deja atrás a su esposa e hijo, y todas sus demás conexiones y expectativas sociales, para buscar un estilo de vida más básico, completamente retirado del mundo, en las profundidades de los bosques de Prusia Oriental.

Interpreto que el *rottweiler* es el Sistema: malévolo, externo, un tanto fuera de mi control. Yo, puedo ser el hombre que decide vivir una vida justa, verdadera, transparente. Estoy caminando seguro –convencido de quién soy, a quién le creo, y hacia dónde voy– por un barrio tranquilo, sin ninguna otra arma que mis manos y la fuerza del espíritu. Esos dos sueños fueron como una respuesta de parte de Dios: *Ocúpate de ti, de tus hijos y de tu casa; esmérate en tu labor, aquello que has sido llamado a hacer. Que esa sea tu prioridad y propósito.* Y ese es el mensaje que deseo transmitirte; ese es el cerebro y la columna vertebral de este capítulo y de este libro.

Yo sé que puedes contar con Dios, que cuando pases por el fuego no te quemarás ni la llama arderá en ti *(Isaías 43:2)*; que cuando venga la tormenta –aunque parezca que Él está durmiendo– no te ahogarás porque Él reprenderá al viento, y dirá a las marejadas: «calla, enmudece», y vendrá una grande bonanza, porque Él tiene cuidado de ti, y el control de las cosas que no están en tus manos hacer *(Marcos 4:35-41).* Ahora, ¿tú te imaginas que Dios pueda contar contigo?; que pueda decirle al mundo: «porque yo sé que mi hijo pondrá mis palabras en su corazón y en su alma, y las atará como señal en su mano, y serán por frontales entre sus ojos. Y las enseñará a sus hijos, hablando de ellas cuando se siente a la mesa, cuando ande por el camino, cuando se acueste, y cuando se levante, y las escribirá en los postes de su casa, y en sus puertas… y cuidará, pues, de cumplir todos mis estatutos y decretos»,[19] simplemente… porque mi hijo me ama.

¡Oh, querido lector!, que esa manera de proceder sea tu único afán, la razón de levantarte en las mañanas. Enamórate de eso, y verás que no habrá nada mejor en tu vida. Que eso sea tu paraíso.

Propuesta: Una vida con propósito

1. Encuentra algo que te guste, te apasione, le dé sentido a tu vida. Edúcate y trabaja duro por conseguir esa vocación y ser mejor cada día.
2. Lucha por tener un sustento estable. Adminístrate bien. Ten dinero para cubrir tus necesidades, vivir cómodamente y planear para tu futuro.
3. Si el amor entre tú y tu pareja heterosexual es recíproco, esfuérzate por llevarte bien con ella y respetarla. Haz todo lo humanamente posible para que funcione la relación.
4. Forma una familia. Ten (por lo menos) dos hijos.
5. Mantén una postura firme y valiente en contra de los vicios (alcohol, drogas, tabaco, sexo extramatrimonial, juegos) y del mal.
6. Haz uso sabio del tiempo libre y divídelo en proporción equilibrada entre enriquecimiento de la mente, trabajo, familia, ejercicio, pasatiempos, descanso, buena alimentación.

Conclusión

¡Cuán incontrastable es el proceder recto, cuán amable en sí misma la virtud!
John Milton.

Este libro es un conjunto de lecciones que he aprendido gracias a mi educación, experiencia clínica y vivencias personales. Sentí que tenía que escribirlo, vaciarme de las ideas y emociones que se fueron acumulando con el tiempo. Quería hacerlo de manera tal que sintieras como si tú y yo estuviésemos sentados a la orilla del mar, en un día de otoño, tomándonos una taza de café. Quería conversar contigo, escucharte como lo hago con un amigo, y decirte cuán grande es el amor de Dios, y que vale la pena vivir la vida guiados por su verdad y su justicia.

No creas que lo tengo todo claro: imposible que así sea. Yo no sé cómo fue que Dios creó el universo de la nada, del caos inhabitable. Tampoco entiendo cómo Dios embarazó a una virgen con «el poder de la palabra», y luego ella dio a luz al Salvador. Mucho menos me cabe en la mente cómo Jesús pudo resucitar al tercer día, compartir con sus discípulos en un «cuerpo glorificado», y vencer al pecado y a la muerte. Lo que sí puedo razonar y concebir como algo probable es que una creación tan perfecta tuvo que haber tenido una mente pensante, organizada y buena. Por otra parte, creo en ese momento histórico en el que un hombre decidió no pecar nunca, cumplir con los mandamientos de su padre celestial exactamente como estaban escritos, demostrar ser el modelo perfecto a seguir, y entregar su vida por ti y por mí. De eso, no tengo la menor duda. Y eso merece honra y alabanza.

B. C. son las iniciales de mis apellidos que, además, para mí significan *Before Christ*. Fue el momento que marcó el antes y después en mi vida, cuando decidí pararme delante de Cristo, aceptarlo en mi corazón y vivir una vida acorde a sus principios. Como ya te conté, soy afortunado en muchos sentidos, sobre todo porque me fueron dadas muchas cosas que nadie tiene la capacidad de elegir: mis padres y hermano, mi crianza, la educación primaria, el conocimiento de la Palabra, y algunas habilidades innatas. Todo eso resultó ser ventajoso en mi manera de pensar y actuar a medida que fui creciendo. No obstante, un día me aparté del Padre. Puedo echarle la culpa a la muerte injusta e imprevista de mi madre y a otros reveses de fortuna que viví en mi juventud.

Divagué por caminos inservibles que me llevaron a la desolación y al vacío. Identifiqué, como el hijo pródigo, el bien con el placer para evadir el dolor; le di libertad a los deseos de la carne y me dije: *La vida es vanidad y aflicción de espíritu; de todas maneras, me voy a morir... disfruta mientras te dure la fiesta.* Le fallé a Dios.

Otro día volví en mí.

Sentí la necesidad de regresar a la Casa de mi Padre. Pensé: *Ya no soy digno de ser llamado su hijo*, ¿con qué cara le miro la cara a Dios? ¿Cómo iba a imaginar yo que, al regresar, mi Padre –quien llevaba tiempo caminando de lado a lado, mirando hacia las afueras del palacio esperando mi regreso– al verme, aun yo estando lejos, *iba a correr, echarse sobre mi cuello, y besarme?*[1] Pero es que la misericordia de Dios es tan incomprensible que no cabe dentro de las limitaciones de la mente humana. Ella penetra inesperada por las rendijas más pequeñas. No es forzada ni la puedes pedir.

Dios te la da porque le place; cae sobre ti como el agua del cielo que te abraza y te renueva.

Quisiera que consideraras –si no lo has hecho ya– poner las cosas en una balanza y, guiado por el Espíritu Santo y la razón, comprometerte a hacer el bien supremo, ser útil, cumplir con tu deber y servir a los demás. Yo creo que de eso se trata la vida, y es algo que todos podemos lograr, porque *ser hombre es algo más que ser torpemente vivo: es entender una misión, ennoblecerla y cumplirla.*[2]

En la antigua Grecia, Atlas, por rebelarse contra el orden establecido, fue castigado por los dioses del Olimpo de un modo terrible: tuvo que sujetar el peso del mundo sobre sus espaldas durante toda la eternidad. En una ocasión, Atlas le pidió a Hércules que sostuviera la bóveda celestial mientras él iba a recoger los frutos dorados del Jardín de las Hespérides. Hércules aceptó. Cuando Atlas regresó, se ofreció de buena gana a llevar él mismo las manzanas a Euristeo. Pero Hércules fue invadido por la angustia y la desesperación, al imaginarse que Atlas lo iba a dejar embarcado con el peso del cielo encima. Hércules engañó a Atlas diciéndole que estaba cansado, incómodo, y necesitaba cubrirse los hombros con su piel de león. Atlas volvió a cargar el mundo; Hércules recogió sus manzanas y se fue.[3]

Para sostener el peso del Ser al que hemos sido condenados por el Creador se necesita, además de la fuerza física, tesón, firmeza de carácter y compromiso, porque *quien desee aliviar el sufrimiento, quien desee rectificar los defectos del Ser, quien quiera propiciar el mejor de los futuros, quien quiera crear el cielo en la Tierra tendrá que realizar el mayor de todos los sacrificios, el de sí mismo y el de su hijo, el de todo aquello que ame, y vivir así una vida dirigida hacia el bien.*[4] Por mi parte, yo me esforzaré por mantener un buen nombre, caminar por la senda de los justos... dejarme llevar por Aquel que me dio la vida y decirle: «cuenta conmigo».

Agradecimientos

No hubiese podido escribir este libro sin la ayuda incondicional de mi esposa Emily (Myem). Eres una gran mujer en todos los sentidos.

A mis hijos porque, a pesar de ser diferentes, a cada rato encuentro en ustedes el niño que un día fui, el niño que quiero ser. En sus rostros está reflejada la gloria de Dios.

A Lorena Amkie por su talento, empeño y honestidad. Mientras editabas el manuscrito, sabía que podía contar contigo para que corrigieras los grandes errores y encontraras, con tus lentes literarios, los pequeños detalles. Tus correcciones marcaron la diferencia para que estas páginas resultaran en un producto de calidad. Thank you.

A todas las personas que depositan su confianza en mí para salvar y sanar sus vidas.

A todo el personal de la casa editorial Círculo Rojo que puso su grano de arena para que este libro pasara de ser un sueño a una realidad.

Notas

Capítulo 1

1. Learn, J. R. (2021, May 5). *Schrödinger's Cat Experiment and the Conundrum That Rules Modern Physics*. Discover Magazine. https://www.discovermagazine.com/the-sciences/schroedingers-cat-experiment-and-the-conundrum-that-rules-modern-physics

2. Peterson, J. B., & Juan Ruiz Herrero. (2020). *12 Reglas Para Vivir: Un Antídoto Al Caos*. Barcelona] Booket. pp 143.

3. La Biblia: Mateo 5:3, Mateo 13:44 & Mateo 18:1-3. *Reina Valera Revisada (1977)*.

4. Mark, J. J. (n.d.). *Enuma Elish - La Epopeya Babilónica de la Creación - Texto Completo*. Enciclopedia de La Historia Del Mundo. Retrieved December 17, 2023, from https://www.worldhistory.org/trans/es/2-225/enuma-elish---la-epopeya-babil

5. Eagleman, D. (2017). *The brain: the story of you*. Vintage Books. pp. 5-9.

6. La Biblia: Génesis 2 & 3. *Reina Valera Revisada (1977)*.

7. Goethe, V., & Walter Arnold Kaufmann. (1990). Goethe's Faust: the original German and a new translation and introduction. Anchor Books.

8. Jung, C. G. (1980). *Modern man in search of a soul.* Harcourt, Brace & World, [Ca. (Original work published 1933).

9. Sowell, T. (2016). *Wealth, poverty and politics.* The Perseus Books Group.

10. The last samurai. (2003). Movie.

11. Davies, R. J., & Osamu Ikeno. (2002). *The Japanese mind: understanding contemporary Japanese culture.* Tuttle Pub.

12. José Martí. (2020). *The Golden Age (Spanish Edition).* Reflexión de José Martí en la última página de La Edad de Oro sobre Ulises.

Capítulo 2

1. Freud, S. (1923). *The Ego and the Id.* Clydesdale Pr Llc.

2. Richardson, A. (2003). *Hercules.* Capstone Press.

3. Shakespeare, W. (2016). *Tragedias (Obra completa Shakespeare 2).* Hamlet. PENGUIN CLÁSICOS.

4. *1 Samuel 20:12-15 TLA - Bible Gateway.* (n.d.). www.biblegateway.com. Retrieved July 10, 2023, from https://www.biblegateway.com/passage/?search=1%20Samuel%2020%3A12-15&version=TLA

5. Yoon, Y. B., Shin, W.-G., Lee, T. Y., Hur, J.-W., Cho, K. I. K., Sohn, W. S., Kim, S.-G., Lee, K.-H., & Kwon, J. S. (2017). Brain Structural Networks Associated with Intelligence and Visuomotor Ability. *Scientific Reports, 7*(1). https://doi.org/10.1038/s41598-017-02304-z

6. Alighieri, D. (2012). *La divina comedia.* EDAF.

7. María Luz Morales, José Segrelles, & Homero. (2004). *La Odisea.* Porrúa.

8. Milton, J., & Galindo, A. (2015). *El Paraiso Perdido.* Sagwan Press.

9. *Ezequiel 28:12-17 RVR1960 - Bible Gateway.* (n.d.). www. biblegateway.com. Retrieved August 17, 2023, from https://www.biblegateway.com/passage/?search=Ezequiel%20 28%3A12-17&version=RVR1960

10. Martinez-Lavin, M. (2012). Fibromyalgia: When Distress Becomes (Un)sympathetic Pain. *Pain Research and Treatment, 2012,* 1–6. https://doi.org/10.1155/2012/981565

11. *Mary Lou Adarme - La Buena Onda.* (n.d.). www.youtube. com. Retrieved September 17, 2023, from https://www.youtube.com/watch?v=SfprJMP7dh4

12. *Génesis 18.* Revisada, R. V. (2018). *Santa Biblia - Reina Valera Revisada.* Vida Publishers.

13. Revelaciones 22:14. Revisada, R. V. (2018). *Santa Biblia - Reina Valera Revisada.* Vida Publishers.

Capítulo 3

1. Wahome, C. (2022, April 27). *What Is the Scientific Method?* WebMD. https://www.webmd.com/a-to-z-guides/what-is-the-scientific-method

2. Johnson, S. (2021, April 27). How Humanity Gave Itself an Extra Life. *The New York Times.* https://www.nytimes.com/2021/04/27/magazine/global-life-span.html

3. *How did George Washington die? | Britannica.* (n.d.). www.britannica.com. https://www.britannica.com/question/How-did-George-Washington-die

4. *Watch Live to 100: Secrets of the Blue Zones | Netflix Official Site.* (n.d.). www.netflix.com. https://www.netflix.com/title/81214929

5. *Sexual Violence.* (2019). Center for Disease Control and Prevention. https://www.cdc.gov/violenceprevention/sexualviolence/index.html

6. van der Kolk, B. (2014). *The body keeps the score: Brain, mind, and body in the healing of trauma.* Penguin Books.

7. Montero, R. (2013). *La ridícula idea de no volver a verte.* Grupo Planeta Spain.

8. Kazantzakis, N. (2019). *Cristo de nuevo crucificado.* Acantilado.

9. (2023). APA.org. https://www.apa.org/ed/precollege/topss/lessons/personality

10. Shakespeare, W. (2016). *Tragedias (Obra completa Shakespeare 2)*. Tito Andrónico. PENGUIN CLÁSICOS.

11. *Religare*. (n.d.). The Free Dictionary. Retrieved December 17, 2023, from https://es.thefreedictionary.com/religare

12. Gaines, J. (2020, November 17). *The Philosophy of Ikigai: 3 Examples About Finding Purpose*. PositivePsychology.com. https://positivepsychology.com/ikigai/

13. Jung, C. G. (1980). *Modern man in search of a soul*. Harcourt, Brace & World, [Ca. (Original work published 1933).

14. *Dad's fake job interview to see daughter's reaction* 😂 *that's not true* 😂 *you can't lie to them*. (n.d.). Www.youtube.com. Retrieved December 17, 2023, from https://www.youtube.com/watch?v=y5Z05wGvMOw

15. *Y chromosome: MedlinePlus Genetics*. (n.d.). Medlineplus.gov. https://medlineplus.gov/genetics/chromosome/y/#:~:text=Each%20person%20normally%20has%20one

16. *The Declaration of Independence, July 4, 1776*. (n.d.). George Washington's Mount Vernon. https://www.mountvernon.org/education/primary-source-collections/primary-source-collections/article/the-declaration-of-independence-july-4-1776/

17. Baldwin, E. (2021, April 18). *"I have a dream" speech*. Poem Analysis. https://poemanalysis.com/martin-luther-king-jr/i-have-a-dream/

18. Laje, A. (2016). *El libro negro de la nueva izquierda: ideología de género o subversión cultural.* Libre (Centro De Estudios Libertad y Responsabilidad.

19. *Entrevista de Tucker Carlson a Javier Milei.* (n.d.). www.youtube.com. Retrieved December 17, 2023, from https://www.youtube.com/watch?v=-ElZfqElrKE

20. *Isaías 53:4-5 RVC - Bible Gateway.* (n.d.). www.biblegateway.com. Retrieved Septiembre 8, 2023, from https://www.biblegateway.com/passage/?search=Isa%C3%ADas+53%3A4-5&version=RVC

21. *El principio del corazón, de Blaise Pascal.* (2019, July 23). Revista Replicante. https://revistareplicante.com/el-principio-del-corazon-de-blaise-pascal/

22. *Eclesiastés 3:15.* Revisada, R. V. (2018). *Santa Biblia - Reina Valera Revisada.* Vida Publishers.

23. Martí, J. (n.d.). *Hombre del campo.*

24. Rojas Estapé, M. (2019). *Cómo hacer que te pasen cosas buenas: Entiende tu cerebro, gestiona tus emociones, mejora tu vida.* Diana.

25. van der Kolk, B. (2014). *The body keeps the score: Brain, mind, and body in the healing of trauma.* Penguin Books.

26. Cleveland Clinic. (2022, December 5). *Frontal Lobe: What It Is, Function, Location & Damage.* Cleveland Clinic. https://my.clevelandclinic.org/health/body/24501-frontal-lobe

27. P. G. (n.d.). *Dad palabras al dolor*. Pastoralsj.org. Retrieved December 17, 2023, from https://pastoralsj.org/ser/886-dad-palabras-al-dolor

28. Cope, S. (2000). *Yoga and the quest for the true self.* Bantam Books.

29. Romanos 4:17. Revisada, R. V. (2018). *Santa Biblia - Reina Valera Revisada*. Vida Publishers.

30. van der Kolk, B. (2014). *The body keeps the score: Brain, mind, and body in the healing of trauma*. Penguin Books.

31. Mayo Clinic. (2019). *Selective Serotonin Reuptake Inhibitors (SSRIs)*. Mayo Clinic. https://www.mayoclinic.org/diseases-conditions/depression/in-depth/ssris/art-20044825

Capítulo 4

1. *Sound of Freedom* (2023). Movie.

2. Amnistía Internacional España. (2023, October 20). *Crisis en Gaza e Israel*. Amnesty.org. https://www.es.amnesty.org/en-que-estamos/campanas/crisis-en-gaza-e-israel/

3. Admin, D. S. U. (n.d.). *Asamblea General*. La Cuestión de Palestina. https://www.un.org/unispal/es/data-collection/general-assembly/

4. Sefora. (2019, May 23). *¿Cuáles son las diferencias entre sefardíes y ashkenazíes? 5 tradiciones judías*. Enlace Judío. https://www.enlacejudio.com/2019/05/23/cuales-son-las-diferencias-entre-sefarditas-y-asquenacitas-5-tradiciones-judias/

5. García, E. B. (2023, November 18). *De David a Goliat: Cómo Israel ha ido ganando territorios desde 1948*. The Conversation. https://theconversation.com/de-david-a-goliat-como-israel-ha-ido-ganando-territorios-desde-1948-216042#:~:text=El%2029%20de%20noviembre%20de

6. *Israel fends off aggression at Lebanon border as it prepares to invade Gaza*. (2023, October 16). Fox News. https://www.foxnews.com/live-news/october-16-2023-israel-hamas-war

7. Archive, V. A., & feed, G. author R. (2023, October 9). *Thirty-one Harvard organizations blame Israel for Hamas attack*. https://nypost.com/2023/10/09/thirty-one-harvard-organizations-blame-israel-for-hamas-attack/

8. Ly, M., Motzkin, J. C., Philippi, C. L., Kirk, G. R., Newman, J. P., Kiehl, K. A., & Koenigs, M. (2012). Cortical thinning in psychopathy. *The American Journal of Psychiatry, 169*(7). https://doi.org/10.1176/appi.ajp.2012.11111627

9. American Psychiatric Association. (2013). *DSM-5 TM guidebook the essential companion to the Diagnostic and statistical manual of mental disorders, fifth edition* (5th ed.). Desorden de Personalidad Antisocial, Límite, Histriónico, y Narcisista. Washington, DC. American Psychiatric Publishing.

10. *Biblical Series V: Cain and Abel: The Hostile Brothers - YouTube*. (n.d.). Www.youtube.com. https://www.youtube.com/watch?v=44f3mxcsI50

11. Crime Museum. (2013). *Serial Killer Victim Selection - Crime Museum*. Crime Museum. https://www.crimemuseum.org/crime-library/serial-killers/serial-killer-victim-selection/

12. Traub, A. (2023, June 10). Ted Kaczynski, "Unabomber" Who Attacked Modern Life, Dies at 81. *The New York Times*. https://www.nytimes.com/2023/06/10/us/ted-kaczynski-dead.html

13. Morgan, P. (2023). After years interviewing serial killers, here's my advice: Never meet one. In *NEW YORK POST*. https://nypost.com/2023/09/10/after-years-interviewing-serial-killers-heres-my-advice-never-meet-one/

14. Flight, T. (2017). Mindhunter vs Real Life Ed Kemper - Side By Side Comparison. In *YouTube*. https://www.youtube.com/watch?v=FDYBmNYc8IA

15. Dostoievski, F. M. (2019). *Los demonios*. PENGUIN CLÁSICOS.

16. *Biography*. (n.d.). V. I. Lenin Museum. https://lenin.shm.ru/en/biography/

17. American Psychiatric Association. (2013). *DSM-5 TM guidebook the essential companion to the Diagnostic and statistical manual of mental disorders, fifth edition* (5th ed.). Desorden de conducta.Washington, DC. American Psychiatric Publishing.

18. Shakespeare, W. (2016). *Tragedias (Obra completa Shakespeare 2)*. Tito Andrónico. PENGUIN CLÁSICOS.

19. J. R. R. Tolkien. (2010). *El Señor de los Anillos no 01/03 La Comunidad del Anillo (NE)*. Grupo Planeta Spain.

Capítulo 5

1. Shakespeare, W. (2016). *Tragedias (Obra completa Shakespeare 2)*. Hamlet. PENGUIN CLÁSICOS.

2. Milton, J., & Galindo, A. (2015). *El Paraiso Perdido*. Sagwan Press.

3. Peterson, J. B., & Juan Ruiz Herrero. (2020). *12 Reglas Para Vivir: Un Antídoto Al Caos*. Barcelona] Booket.

4. *DeSantis curtails diversity, equity and inclusion programs in Florida state colleges*. (2023, May 15). AP News. https://apnews.com/article/desantis-florida-diversity-programs-colleges-cb0402f8194b70a06e9ef970fa08c9d8

5. Solodev. (2022, December 1). *Florida College System Presidents Reject "Woke" Diversity, Equi*. Www.fldoe.org. https://www.fldoe.org/newsroom/latest-news/florida-college-system-presidents-reject-woke-diversity-equity-and-inclusion-dei-critical-race-theory-ideologies-and-embrace-academic-freedom-.stml

6. Stringer, C. (2023, January 15). Half of our universities peddle their woke agenda to students. Mail Online. https://www.dailymail.co.uk/news/article-11638389/Half-universities-peddle-woke-agenda-students.html

7. Affirmative Action | Definition, History, & Debate. (2017). In *Encyclopædia Britannica*. https://www.britannica.com/topic/affirmative-action

8. Reversing the Woke Takeover of Higher Education: Strategies to Dismantle Campus DEI. (n.d.). Americafirstpolicy.com.

Retrieved December 17, 2023, from https://americafirstpo-licy.com/latest/research-report-reversing-the-woke-takeo-ver-of-higher-education-strategies-to-dismantle-campus-dei

9. Carter, W. (n.d.). Parents Face-Off Over Graphic Content and LGBTQ Books in School Libraries. NBC 5 Dallas-Fort Worth. https://www.nbcdfw.com/news/local/carter-in-the-classroom/parents-face-off-over-graphic-content-and-lgbtq-books-in-school-libraries/2817649/

10. Mettler, Z. (2021, September 27). School District Pulls Books with Graphic Sexual Content from High School Library After Parents Protest. Daily Citizen. https://dailycitizen.focusonthefamily.com/school-district-pulls-books-with-graphic-sexual-content-from-high-school-library-after-parents-protest/

11. Hanson, V. D. (2021). *The Dying Citizen*. Basic Books.

12. Full interview with Yuri Bezmenov: *The Four Stages of Ideological Subversion* (1984). (n.d.). Www.youtube.com. https://www.youtube.com/watch?v=yErKTVdETpw

13. Martí, J. (2013). José Martí: Obras completas (edición crítica).

14. Sowell, T. (2016). *Wealth, poverty and politics*. The Perseus Books Group.

15. *mikeroweWORKS Foundation*. (n.d.). Https://Mikerowewor-ks.org/. https://mikeroweworks.org/

16. Bulgakov, M. (2013). *El Maestro y Margarita*. Createspace Independent Pub.

17. Nietzsche, F. (2003). *La Muerte de Dios.* UNAM.

18. Dostoievski, F. M. (2019). *Los demonios.* PENGUIN CLÁSICOS.

19. *Deuteronomio 11:18-28* RVR 1960.

Conclusión

1. La Biblia: Lucas 15:11-32.

2. José Martí.

3. Hércules. Eurípides.

4. 12 reglas para vivir: Un antídoto al caos. Peterson, J.

Índice